Mosaik

Vivian Weigert

Schlaf, Baby, schlaf

Praktische Tips zum besseren Einschlafen und Durchschlafen

Mosaik Verlag

Vivian Weigert ist Homöopathin und Autorin mit den Themenschwerpunkten Schwangerschaft und Geburt, Erziehung und Familie. Sie war lange Zeit im Leitungsteam der »Beratungsstelle für Natürliche Geburt und Elternsein« in München und als Beraterin im Familienzentrum von Nova Scotia, Kanada, tätig. Dort machte sie erste, überzeugende praktische Erfahrungen mit der Methode des Schlafforschers Dr. Richard Ferber aus dem Kinder-Schlafzentrum in Boston.

Wir danken dem Verlag Simon & Schuster für die Genehmigung zum Abdruck von vier Tabellen aus: „How to Solve your Child's Sleep Problems" von Richard Ferber, M.D. Copyright 1985 by Richard Ferber, M.D.

Der Mosaik Verlag ist ein Unternehmen der Verlagsgruppe Bertelsmann

Redaktion: Monika König
Lektorat: Henriette Zeltner
Umschlaggestaltung: Design Team München
Umschlagfoto: Zefa/Norman
Layoutentwurf:
Büro für Gestaltung, Dietmar Meyer, Friedhelm Ott, Hamburg
Layoutdurchführung: Design-Typo-Print, Ismaning
Druck: Alcione, Trento
Bindung: Ecoprint, Lavis-Trento
Printed in Italy
ISBN 3-576-11023-2

Inhalt

Einführung

Wieviele »halbe« Nächte müssen Eltern eigentlich in Kauf nehmen? Ist es normal, daß ein Einjähriges noch jede Nacht dreimal aufwacht und herumgetragen werden muß, bis es wieder einschläft? Fügen Eltern ihrem Kind einen seelischen Schaden zu, wenn sie verlangen, daß es im eigenen Bett schläft?

Solche Fragen stellen sich immer mehr Mütter und Väter. Kinderärzte stellen fest, daß Schlafprobleme bei kleinen Kindern in letzter Zeit stark zugenommen haben.

Wenn Sie, wie sehr viele Eltern, jede Nacht ein paarmal zu Ihrem Kind gehen müssen, oder wenn Sie es nachts mehrmals stillen, damit es weiterschlafen kann, werden Sie sich sicher manchmal fragen, ob Sie Ihr Kind zu sehr verwöhnt haben und ein wenig strenger sein sollten. Vielleicht wird Ihnen auch empfohlen, das Kind doch »einfach« mal ein paar Nächte lang schreien zu lassen.

Seien Sie beruhigt: Mit Verwöhnen haben Schlafprobleme nur sehr selten etwas zu tun. (Und das Kind unbeachtet schreien zu lassen ist weder einfach noch empfehlenswert!) Man verwöhnt ein Kind, wenn man immer nur nachgibt, wenn man es auch dort nicht über´s Herz bringt, nein zu sagen, wo es für das Kind besser wäre. Schlafprobleme haben andere Ursachen. Sie entstehen in den meisten Fällen dadurch, daß Kinder falsche Einschlafgewohnheiten entwickeln – mit Hilfe ihrer nichtsahnenden Eltern.

Die gute Nachricht: Schlafprobleme sind im Normalfall so leicht zu lösen, wie sie entstanden sind – wenn die Eltern erst einmal die Zusammenhänge kennen. Dabei hilft Ihnen dieses Buch.

Lesen Sie im ersten Kapitel, wie sich der Schlaf eines Kindes entwickelt. Es ist heute noch viel zu wenig bekannt, was im Schlaf eigentlich geschieht. Sie wissen wahrscheinlich, daß sich Traumschlaf und Tiefschlaf in jeder Nacht mehrmals abwechseln. Aber hätten Sie gewußt, daß es ganz normal ist, zwischen diesen Schlafphasen jedesmal ganz kurz wach zu werden? Den wenigsten Eltern ist klar, daß das Problem Ihres Kindes gar nicht darin besteht, daß es nachts ein paarmal aufwacht – es liegt vielmehr darin, daß das Kind (noch) nicht gelernt hat, wie es nach diesem normalen, kurzen Erwachen von alleine wieder einschlafen kann.

Im zweiten und dritten Kapitel finden Sie erläutert, wie Sie Ihrem Kind dabei helfen können, genau dies zu lernen.

Kinder mit Schlafproblemen sind keine »Problemkinder«, im Gegenteil. Sie sind äußerst intelligent, sie haben nur etwas Falsches gelernt. Auch Ihre Eltern brauchen sich nicht vorzuwerfen, versagt zu haben. Sie sind in der Regel besonders aufmerksame und engagierte Eltern, in hohem Maße bereit, mehr als nötig von ihrem Schlaf zu opfern. Sie haben bisher nur nicht gewußt, wie Schlafprobleme in Wirklichkeit entstehen.

Dieses Wissen ist nämlich noch relativ neu. Zwar haben amerikanische Wissenschaftler schon vor einigen Jahrzehnten begonnen, unseren Schlaf zu erforschen. Wie ihre Erkenntnisse mit den Schlafstörungen kleiner Kinder zusammenhängen, wurde aber erst während der achtziger Jahre beobachtet, hauptsächlich am Kinder-Schlafzentrum in Boston unter der Leitung von Dr. Richard Ferber. Er hat seine Erkenntnisse in einem Buch veröffentlicht, das in Nordamerika sehr populär ist, aber nie ins Deutsche übersetzt wurde. Deshalb ist seine erfolgreiche Methode zur Lösung von Schlafproblemen bei uns noch wenig bekannt. Ich bin selbst erst während meiner Beratungstätigkeit im Familienzentrum von Nova Scotia, Kanada, auf Dr. Ferbers Arbeit gestoßen. Ein großer Teil dieses Buches ist das Ergebnis der überraschend guten Erfahrungen damit.

Im vierten Kapitel erfahren Sie alles über Schlafstörungen, die nichts mit falschen Einschlafgewohnheiten zu tun haben: Schmerzen und Nöte, die im Baby- und Kleinkindalter recht häufig die Nächte stören. Bei vielen derartigen Problemen – zum Beispiel bei Alpträumen oder Koliken – bieten sich Bachblüten und Homöopathie zur erfolgreichen Behandlung an, während es der gängigen Medizin gerade hier oft an Behandlungsmöglichkeiten mangelt. Hingegen kann bei so seltenen

Störungen wie Narkolepsie oder Schlaf-Apnoe nur die Schulmedizin mit Medikamenten oder einem kleinen chirurgischen Eingriff helfen. Betroffene Eltern wenden sich am besten frühzeitig an einen guten Kinderarzt.

1. Was im Schlaf geschieht

... wie sich der Schlaf Ihres Kindes entwickelt,
... wieviel Schlaf Kinder brauchen,
... wie Schlafprobleme entstehen

Der Tiefschlaf

Der Tiefschlaf entspricht am ehesten der allgemeinen Vorstellung von Schlaf. Eigentlich sollte er besser »Ruheschlaf« genannt werden, denn er ist keineswegs ein durchgehend tiefer Schlaf. Er reicht vom ersten, leichten Eingenicktsein, aus dem man sehr leicht wieder aufwacht, bis hin zum tiefsten Schlafzustand, aus dem man nur schwer zu wecken ist. Wenn man doch geweckt wird, fühlt man sich noch ein paar Minuten lang verwirrt und benommen. Schlafforscher erkannten im Tiefschlaf vier immer tiefer werdende Stufen.

Jede Nacht wechseln sich mehrere Zyklen von Tiefschlaf und Traumschlaf ab. Das bedeutet: Man träumt jede Nacht, auch wenn man sich nicht daran erinnern kann

Zuerst versinkt man nach dem Einschlafen in eine Art tiefen Tagtraum, in dem die Wahrnehmung der Außenwelt schwindet. Während sich die Muskulatur zunehmend entspannt, zucken manche Körperteile oft unwillkürlich zusammen. Im Schlaflabor zeigt das EEG (Elektroencephalogramm – das Gerät, das die Gehirnaktivität mißt und aufzeichnet), daß die kurzen, schnellen Alpha-Wellen des Wachzustands jetzt etwas ruhigeren Wellen Platz machen. Das ist der Verlauf der beiden ersten Stufen – eigentlich noch ein leichter Schlaf, aus dem heraus man schnell wieder ganz wach ist.

Erst auf der dritten und vierten Stufe ist der Schlaf wirklich tief. Die Gehirnströme zeigen nur noch sehr tiefe, sogenannte Delta-Wellen. Herzschlag und Atmung haben einen gleichmäßigen und stabilen Rhythmus angenommen. Die Muskulatur ist entspannt, weil das Gehirn keine Botschaften an den Körper schickt, sich zu bewegen. Im Tiefschlaf ruht nicht nur der Körper, sondern auch der Geist.

Träumen

Nach ein bis zwei Tiefschlaf-Zyklen werden Atmung und Puls auf einmal unregelmäßig. Das Herz schlägt wieder kräftiger, Hormonwerte und Nierenfunktion verändern sich, der Sauerstoffverbrauch steigt, das Gehirn wird stärker durchblutet, und es wird wieder aktiv. Im Traumschlaf wirken die Gehirnwellen wie eine Mischung aus den Alpha-Wellen des Wachzustands und den etwas ruhigeren Wellen der ersten Tiefschlaf-Stufe. In diesen Schlafphasen ruht sich das Gehirn also nicht aus. Es reagiert aber auch nicht auf Signale der Außenwelt (Alarmsignale ausgenommen). Statt dessen empfängt es Impulse aus dem eigenen Inneren. Es sind die ältesten und ursprünglichsten Teile des Gehirns, die jetzt die oberen, neueren Hirnschichten stimulieren. Das Gehirn sendet im Traumschlaf sogar Bewegungssignale aus. Der

Körper bleibt jedoch still: die Nervenimpulse werden in der Wirbelsäule blockiert. So ist ein großer Teil des Körpers praktisch wie gelähmt. Allenfalls kommt es zu kleinen Zuckungen in den Händen und Beinen oder im Gesicht.

Ausgenommen von dieser Blockade sind nur die Muskelgruppen, die die Augenbewegung, die Atembewegung und das Gehör kontrollieren. Wenn wir Geräusche hören, wecken sie uns jedoch nicht unbedingt auf, oft weben wir sie einfach in den Traum hinein. Weil sich während dieser Schlafphasen die Augen sehr schnell hin- und herbewegen heißt der Traumschlaf in der Fachsprache REM-Schlaf (REM = Rapid Eye Movements). Im Gegensatz dazu wird der Tiefschlaf einfach Non-REM-Schlaf genannt.

Das Gehirn sendet im Traumschlaf sogar Bewegungssignale aus. Der Körper bleibt jedoch still

Tabelle 1: Gehirnwellen*

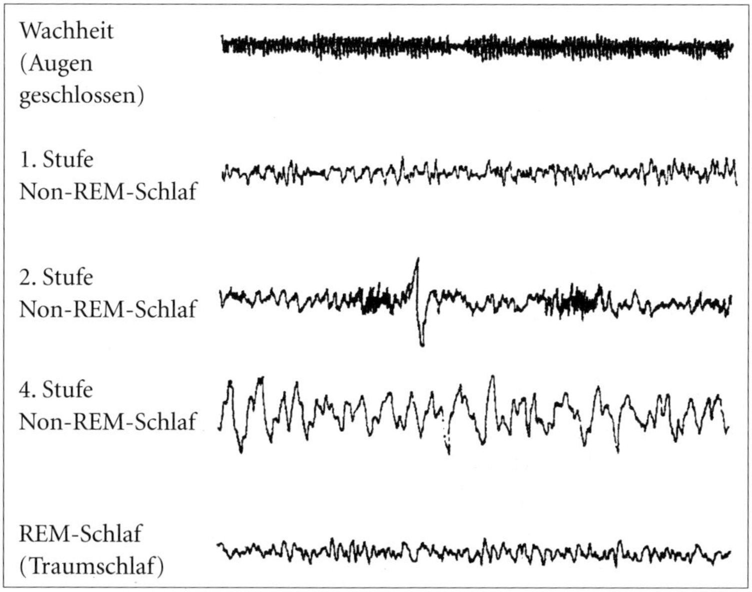

* Aus: Richard Ferber: How To Solve Your Child's Sleeping Problems

Die ersten erstaunlichen Erkenntnisse über unseren Schlaf wurden in den fünfziger Jahren von amerikanischen Schlafforschern gewonnen. Sie beobachteten gleichzeitig die Gehirnströme, die Augenbewegungen und den Muskeltonus von Schlafenden und fanden heraus, daß es zwei verschiedene Arten von Schlaf gibt: den Traumschlaf und den Tiefschlaf

Die Schlafzyklen

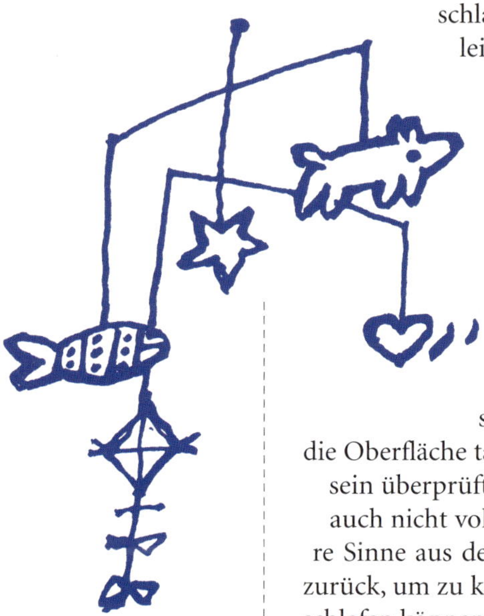

Erwachsene liegen nur während der ersten paar Stunden nach dem Einschlafen und dann noch einmal kurz gegen Morgen in tiefem Tiefschlaf. Den größten Teil der Nacht verbringen wir in leichtem Tiefschlaf, im Wechsel mit Traumschlaf. Während es uns in den verschiedenen Schlafphasen manchmal schwer und manchmal leicht fallen würde aufzuwachen, wenn man uns weckte, gibt es im Verlauf der ganzen Nacht zwischen den einzelnen Zyklen immer wieder ein paar Augenblicke, wo unsere Sinne fast ganz wach sind. Man dreht sich dabei vielleicht im Bett um und schläft sofort wieder weiter. Am nächsten Morgen erinnert man sich normalerweise nicht daran.

Wenn ein Teil des Bewußtseins immer wieder zwischen den einzelnen Schlafzyklen sozusagen kurz an die Oberfläche taucht, dient das natürlich einem Zweck: Das Bewußtsein überprüft dabei, ob alles noch in Ordnung ist. Wenn wir dabei auch nicht vollkommen tagwach werden, so kehren doch alle unsere Sinne aus der Betäubung des Schlafs kurz in ihre volle Funktion zurück, um zu kontrollieren, ob wir unbehelligt und gefahrlos weiterschlafen können.

Normalerweise ist auch alles in Ordnung, und man fällt sofort wieder in tieferen Schlaf. Nur wenn etwas nicht ganz so ist, wie es beim

Das kurze Auftauchen aus tieferen Schlafebenen ist ein Teil der wechselnden Schlafzyklen, bei Erwachsenen genauso wie bei Babys und bei kleinen Kindern

Einschlafen war, meldet das Bewußtsein das, und man wird richtig wach – zum Beispiel wenn die Decke aus dem Bett gefallen ist, so daß die Körpertemperatur zu stark absinkt. Dann wacht man richtig auf, deckt sich zu und schläft gleich wieder weiter. Wenn so etwas vorkommt, kann man sich am nächsten Morgen daran erinnern, sonst meistens nicht.

SCHLAFPAUSEN SIND LEBENSRETTER. Im Tiefschlaf ist unser Gehirn ausgeschaltet, im Traumschlaf ist zwar das Gehirn aktiv, aber der Körper wie gelähmt – es ist wichtig, daß es dazwischen kurze Momente von Halbschlaf gibt, in denen sowohl das Gehirn als auch der Körper potentiell einsatzfähig sind. Es sind diese Sekunden, in denen unser Bewußtsein Gefahr registrieren würde – den Rauch eines Hausbrands zum Beispiel oder bedrohliche Geräusche – und sowohl unser Geist als auch unser Körper könnte angemessen reagieren.

Wenn ein Kind zwischen seinen Schlafzyklen richtig wach wird und nicht ohne Hilfe gleich wieder einschlafen kann, bedeutet das normalerweise, daß sein Bewußtsein aus dem kurzen Halbschlaf heraus Alarm schlägt: Etwas ist nicht in Ordnung, etwas ist nicht so, wie es beim Einschlafen war

Wie sich der Schlaf in der Kindheit entwickelt

Bei Neugeborenen sehen die Aufzeichnungen im Schlaflabor noch ganz anders aus als bei einem Erwachsenen. Erst im zweiten und dritten Lebensmonat weist das EEG manche der Wellen auf, die für den leichten Tiefschlaf der Großen typisch sind, andere zeigen sich erst mit ungefähr sechs Monaten. Was alle diese verschiedenen Wellen bedeuten und welchen Sinn sie haben, weiß die Schlafforschung bis heute allerdings noch nicht.

Babys schlafen leichter: Wenn ein Neugeborenes einschläft, fällt es zuerst in leichten Traumschlaf. Erst mit ungefähr drei Monaten beginnt auch beim Baby der Schlaf mit Tiefschlaf, so wie es von da ab normal ist. Der Tiefschlaf braucht nämlich länger als der Traumschlaf, um sich zu entwickeln. Bereits im sechsten oder siebten Schwangerschaftsmonat kommt es zu REM-Schlaf, Tiefschlaf erlebt der Fötus

Kleine Kinder fallen nach dem Einschlafen relativ rasch – innerhalb von etwa zehn Minuten – in sehr tiefen Schlaf. Beim Baby dauert es noch doppelt so lang, bis es einigermaßen tief schläft

erst, wenn er sieben oder acht Monate alt ist. Allerdings ist der sogenannte Tiefschlaf in diesem Alter noch nicht richtig tief. Neugeborene haben einen recht leichten Schlaf. Der richtige Tiefschlaf mit seinen vier Stufen entwickelt sich erst im Verlauf des ersten halben Jahres nach der Geburt.

Bei kleinen Kindern ist der Tiefschlaf dann allerdings besonders tief. Im Schlaflabor ist es fast unmöglich, sie aus der vierten Stufe Tiefschlaf zu wecken. Auch Eltern erleben das, wenn sie ihr schlafendes Kind zum Beispiel aus dem Auto ins Haus tragen – wenn es richtig schläft, merkt es absolut nichts davon.

Babys haben kürzere Schlafzyklen. Babys schlafen doppelt so viel leichten Schlaf und ihre Zyklen wiederholen sich öfter. Beim Erwachsenen dauert es im Durchschnitt 90 Minuten, bis sich dieselbe Schlafphase wiederholt, beim Baby nur 50 Minuten. Der kurze Halbschlaf zwischen den Schlafzyklen kommt bei Babys und kleinen Kindern also in jeder Nacht fast doppelt so häufig vor wie bei ihren Eltern. Deshalb wachen sie öfter auf.

Babys träumen mehr. An den Gehirnströmen können Schlafforscher erkennen, daß Babys bereits im Mutterleib träumen! Was noch erstaunlicher ist: Neugeborene verbringen die Hälfte ihres Schlafs mit Träumen, und Frühgeborene träumen sogar noch mehr, nämlich während 80 Prozent ihrer Schlafzeit. Beim Baby kann man leicht sehen, ob es gerade träumt: Es atmet dann unregelmäßig, zuckt manchmal ein wenig mit den Händchen, und seine Augen bewegen sich unter den Lidern schnell hin und her. Manchmal huscht dabei ein Lächeln über das Gesicht des Babys, oder es verzieht die Mundwinkel, als ob es gleich weinen würde. Im

Tabelle 2: Wechselnde Schlafzyklen ab dem 6. Lebensmonat*

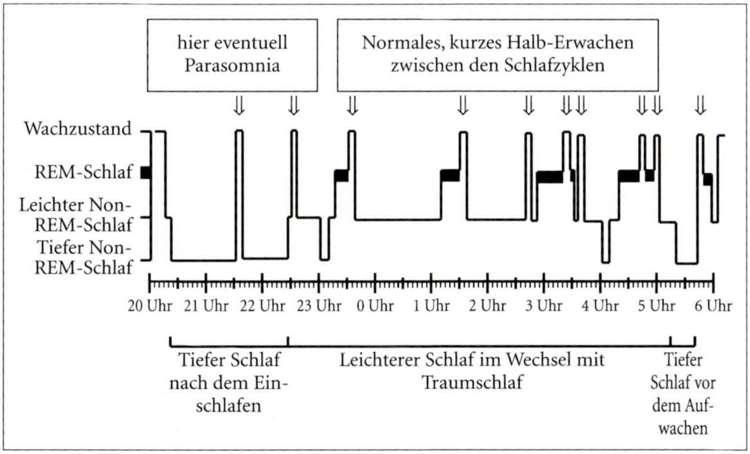

* Aus: Richard Ferber: How To Solve Your Child's Sleeping Problems

Tiefschlaf hingegen atmet das Baby tief und ruhig, seine Augen bewegen sich nicht und es liegt relativ still.
Man weiß, daß im Tiefschlaf alle Zellen des Körper auftanken und sich regenerieren. Daher leuchtet es ein, daß mit zunehmendem Alter mehr Tiefschlaf gut für uns ist. Aber wieso wir gerade am Beginn des Lebens, ja sogar noch im Mutterleib, am meisten träumen, darüber wird bisher nur spekuliert.

Man geht davon aus, daß Träume aus dem Stoff vergangener Erlebnisse gewebt sind, aber wenn man ein Neugeborenes als »unbelichteten Film« betrachtet, fragt man sich, wovon ein Fötus oder ein Baby schon träumen kann. Es besteht aber auch die Möglichkeit, daß die frühe Traumpraxis vielleicht der Gehirnreifung dient oder in ähnlicher Weise für die Entwicklung gut ist.

Warum wir am Anfang unseres Lebens so viel träumen – und wovon? – das haben Wissenschaftler bisher nicht herausfinden können. Man weiß auch nicht, warum der Traumschlaf-Anteil mit zunehmendem Alter immer geringer wird. Im Alter von drei Jahren träumen Kinder noch während eines Drittels ihrer Schlafzeit. Erst während der Pubertät gleicht sich das Verhältnis dem des Erwachsenenalters an: ein Viertel Traumschlaf und drei Viertel Tiefschlaf

Die innere Uhr

Unsere innere Uhr bestimmt, wann wir munter sind und wann wir schlafen können – und zwar mehr, als uns normalerweise bewußt ist. Dasselbe gilt für die Zeiten, in denen wir hungrig werden. Wie lange unsere letzte Mahlzeit zurückliegt, spielt dabei eine kleinere Rolle als die Signale unserer inneren Uhr, die uns bedeuten, daß Essenszeit ist. Alle unsere körperlichen Grundbedürfnisse – Schlaf und Wachsein,

Beschäftigung und Ruhe, Hunger und Essen – richten sich nach diesem inneren Takt, egal ob stündlich, täglich oder monatlich.

Kommt unsere innere Uhr aus dem Takt, fühlen wir uns unwohl

Ein fester Rhythmus hift beim Schlafen. Das harmonische Zusammenspiel der rhythmischen Körpersysteme – also Stoffwechsel, Blutdruck, Körpertemperatur, Hormonhaushalt, Atmung, Verdauung – funktioniert wie ein sehr komplexes Uhrwerk. Wenn alles miteinander im Einklang ist, dann fühlt man sich rundherum wohl. Sind die biologischen Rhythmen aber in Unordnung, dann fühlt man sich nicht gut, und es ist sogar die Krankheits-Anfälligkeit erhöht.

Die innere Uhr wird nicht nur von der Regelmäßigkeit äußerer Einflüsse wie Licht und Dunkelheit bestimmt, sonst könnte man sich in einem neuen Land ja sofort umstellen. Mindestens ebensoviel Einfluß hat das eigene Verhalten – unser inneres Uhrwerk richtet sich nach dem, was wir regelmäßig tun. Und sobald das gewohnte Tun die innere Uhr gestellt hat, prägt diese ihrerseits wiederum das Verhalten. Die stärksten Faktoren in diesen Bio-Rhythmen sind unsere Schlaf- und Essenszeiten.

Wenn wir normalerweise immer um etwa dieselbe Zeit schlafengehen und aufstehen, stellt sich der ganze Organismus darauf ein. Die Körpertemperatur sinkt abends rechtzeitig vor der Bettzeit ihrem täglichen Tief entgegen. Die Adrenalindrüse drosselt die Kortisolproduktion und kurbelt sie am nächsten Morgen wieder an, wenn die Zeit kommt, zu der wir normalerweise aufwachen. Auch die Körpertemperatur steigt dann wieder. Müssen wir einmal ein paar Stunden früher aufstehen als sonst, fällt uns das sehr schwer, weil unser Kortisolwert und unsere Körpertemperatur noch niedrig sind. Ebenso fällt es uns schwer einzuschlafen, während unsere Temperatur und unser Kortisolwert ein Hoch haben. Aber der Körper kann sich umstellen.

Die innere Uhr stellt sich auf alles ein – auf gute wie auf schlechte Gewohnheiten

Die innere Uhr tickt nicht von Geburt an: Die ersten sechs bis acht Wochen des Lebens braucht der kleine Organismus sozusagen als Anlaufzeit. Während es in der Gebärmutter stets gleichbleibend mit Nährstoffen versorgt war, muß das Baby nach der Geburt erst einmal die Umstellung darauf verkraften, daß es nun in Abständen satt und wieder hungrig wird. Dabei wären lange nächtliche Essenspausen zunächst eine Überforderung. Deswegen können Neugeborene noch keinen Unterschied zwischen Tag und Nacht machen – sie schlafen, wenn sie satt sind und werden wach, sobald sie wieder Hunger haben, und das rund um die Uhr. Ob das Baby in den ersten Wochen viel oder wenig schläft, sagt nichts darüber aus, wie es später schlafen wird.

DIE INNERE UHR GEWÖHNT SICH AN ALLES. Wer zum Beispiel eine Weile lang jeweils um Mitternacht einen Imbiß zu sich nimmt, wird schon bald immer um Mitternacht das innere Bedürfnis nach einem Imbiß spüren. Er hat dann zu dieser Zeit Hunger. Das bedeutet, daß sich der ganze Organismus darauf eingestellt hat, dann Nahrung aufzunehmen, statt zu schlafen: Körpertemperatur, Hormonproduktion, Stoffwechsel, alles tickt anders.

Ein einigermaßen stabiler täglicher Rhythmus – vor allem bei den Schlaf- und Essenszeiten – ist die beste Voraussetzung für ruhige, erholsame Nächte und Wohlbefinden am Tag. Kinder und Babys sind davon noch abhängiger als Erwachsene

Frühestens gegen Ende des zweiten Lebensmonats zeigt sich so etwas wie ein Rhythmus, und erstmals sind Babys von der Entwicklung her in der Lage, nachts etwas länger zu schlafen als tagsüber, weil sie eine etwas längere nächtliche Essenspause schon verkraften können.

Im dritten Monat fängt der individuelle Rhythmus normalerweise an, sich zu festigen, aber erst wenn ein Baby ungefähr ein halbes Jahr alt ist, ist das komplexe System, das wir innere Uhr nennen, voll ausgereift.

Von Natur aus hat die innere Uhr einen 25-Stunden-Tag. Man hat festgestellt, daß Erwachsene – wenn sie für wissenschaftliche Zwecke eine gewisse Zeit in einem Raum ohne natürliches Licht und ohne Uhren verbringen – schon bald beginnen, jeden Tag etwa eine Stunde später aufzustehen und am Abend entsprechend später zu Bett zu gehen. Nur dadurch, daß man normalerweise jeden Tag zur selben Zeit aufsteht, ißt und schlafengeht, bleibt der 24-Stunden-Rhythmus erhalten. Im Urlaub oder am Wochenende fällt es nicht schwer, morgens ein Stündchen länger zu schlafen und abends später zu Bett zu gehen. Eine Stunde früher aufzustehen oder einzuschlafen wäre hingegen weniger leicht.

Das erklärt, warum auch bei Kindern leicht Chaos entstehen kann, wenn sie nicht von außen eine gewisse Regelmäßigkeit erfahren.

Nur während der ersten Monate – wenn die innere Uhr sich noch entwickeln muß – ist es richtig, sich ganz auf das Baby einzustellen und es nach Verlangen zu füttern und schlafen zu legen. Später ist es für das Kind besser, wenn man ihm durch feste Zeiten hilft, im Rhythmus zu bleiben

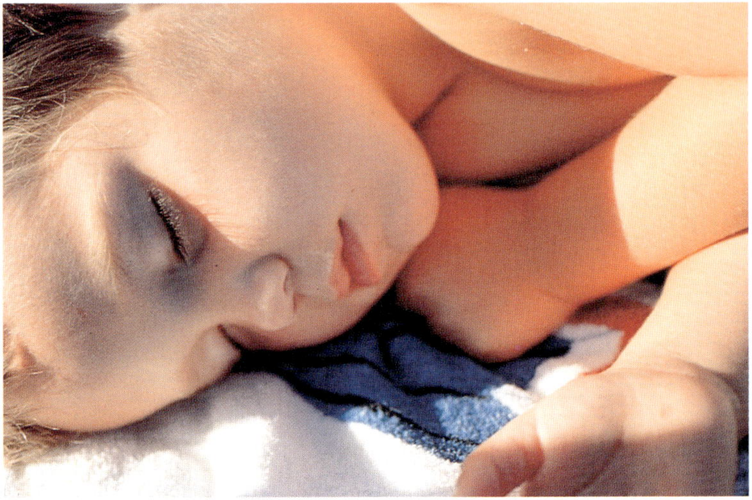

Wieviel Schlaf Kinder brauchen

Das individuelle Schlafbedürfnis ist genetisch geregelt: Wie viel oder wie wenig Schlaf Ihr Kind braucht, ist durch Vererbung festgelegt und kann durch Erziehung nicht geändert werden. Was man beeinflussen kann, sind die Zeiten, zu denen das Schlafbedürfnis gestillt wird. Man kann jedem Kind ab einem bestimmten Alter helfen, sich einen Rhythmus anzugewöhnen, der sich in den Rhythmus der restlichen Familie einfügt.

Die Tabelle auf Seite 21 zeigt auf einen Blick, wieviel Schlaf Kinder in welchem Alter durchschnittlich brauchen und wie sich das Schlafbedürfnis mit der zunehmenden Entwicklung des Kindes verändert. Beachten Sie aber, daß es sich hier um Durchschnittszahlen handelt – Abweichungen sind vollkommen normal, ein richtiges »Durchschnittsbaby« gibt es selten!

Ein echtes Schlafproblem liegt wahrscheinlich erst dann vor, wenn ein Kind über den ganzen Tag verteilt in der Regel mehr als zwei Stunden weniger schläft, als hier für seine Altersstufe angegeben

Neugeborene haben das genau umgekehrte Schlaf-Wach-Muster von Erwachsenen: Während wir von den 24 Stunden eines Tages ungefähr acht verschlafen, sind Babys in den ersten Lebenswochen nur etwa acht Stunden pro Tag wach.

Mit drei Monaten braucht Ihr Baby insgesamt nur noch 15 Stunden Schlaf pro Tag. Sein Schlafbedürfnis hat sich ganz unauffällig um bereits eine Stunde täglich verringert. Eine größere Veränderung aber ist im Verlauf dieser ersten Monate in seinem Schlafverhalten vorge-

Tabelle 3: Das durchschnittliche Schlafbedürfnis von Kindern je nach Alter*

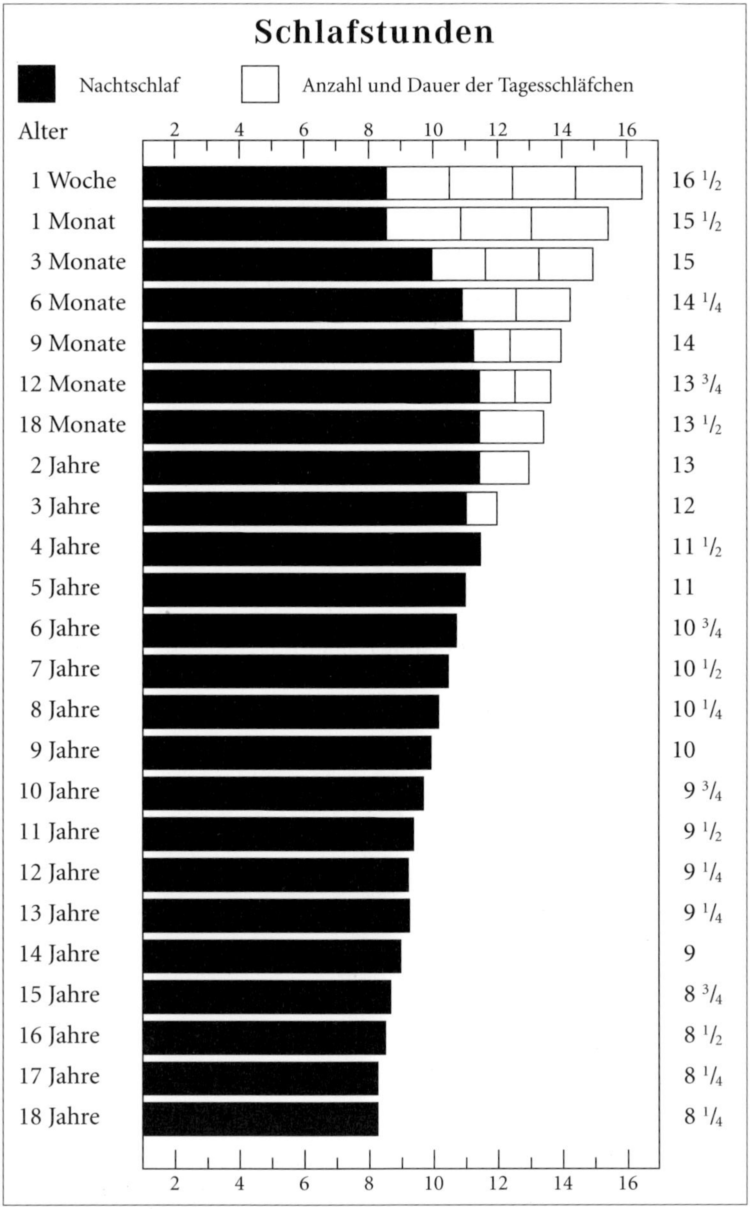

* Aus: Richard Ferber: How To Solve Your Child's Sleeping Problems

gangen: Der kleine Organismus fängt an, Tag und Nacht zu unterscheiden. Es ist jetzt möglich, daß das Baby die längsten von seinen vier bis fünf Schlafphasen in die Nacht verlegt, weil das Verdauungssystem mittlerweile viel weiter ausgereift ist als direkt nach der Geburt. Das Baby kann tagsüber so viel trinken, daß es zwischen etwa elf Uhr abends und vier oder fünf Uhr morgens nicht mehr gefüttert zu werden braucht. Das bedeutet, daß es schon fünf bis sechs Stunden durchschlafen kann. Mit diesem Fortschritt dürfen Sie frühestens gegen Ende des zweiten Monats rechnen. Wie Sie Ihrem Baby sachte dabei helfen können, Tag und Nacht schon bald unterscheiden zu lernen, lesen Sie auf Seite 26.

Mit sieben Monaten sind Babys in der Lage, von sieben Uhr abends bis sieben Uhr morgens durchzuschlafen

Mit sechs bis sieben Monaten beginnen Babys mit einem Brauch, den sie nun etwa ein Jahr lang beibehalten: Sie halten tagsüber nur noch zwei Schläfchen, jedes ein bis zwei Stunden lang, eines am Vormittag und eines am Nachmittag. Die restlichen 12 bis 13 Stunden Schlaf holen sie sich nachts und können das durchaus auch schon an einem Stück. Als Faustregel kann man sich merken: Mit sieben Monaten sind Babys von ihrer Entwicklung her in der Lage, von sieben Uhr abends bis sieben Uhr morgens durchzuschlafen. Manche Babys »vergessen« auf einmal die Mahlzeit um elf Uhr abends oder zwei Uhr morgens, die ihren langen Nachtschlaf bis dahin unterbrochen hat, andere schlafen allmählich immer eine Stunde länger. In diesem Alter brauchen Kinder noch etwas mehr als 14 Stunden Schlaf pro Tag.

Einjährige schlafen insgesamt nur noch knapp 14 Stunden über Tag und Nacht verteilt, den Löwenanteil davon nachts – bis zu 12 Stunden an einem Stück. Das Vormittags-Schläfchen wird meist irgendwann vor dem Alter von 18 Monaten aufgegeben, wobei sich das Nachmittags-Schläfchen dann entsprechend nach vorne verschiebt.

Wie sich ein ungünstiger Rhythmus sanft aber wirkungsvoll ändern läßt, erfahren Sie in Kapitel III

Mit zwei Jahren schlafen Kinder in der Regel elf bis zwölf Stunden in der Nacht und halten einen ein- bis zweistündigen Mittagsschlaf am frühen Nachmittag.

Zwischen drei und fünf Jahren wird irgendwann der Mittagsschlaf aufgegeben. Obwohl das Kind nun nur noch nachts schläft – ganz wie die Großen – ist sein Schlafbedürfnis noch viel größer als das der Erwachsenen. Es verringert sich im Laufe dieser Jahre allmählich von anfangs 13 auf schließlich 11 Stunden.

Im Schulalter nimmt das Schlafbedürfnis weiterhin immer mehr ab, die Nächte verkürzen sich langsam auf 10 Stunden am Beginn der Pubertät und in deren Verlauf um weitere ein bis zwei Stunden. Bei 16jährigen kann man davon ausgehen, daß sie mindestens acht Stunden Schlaf brauchen, um sich richtig wohl zu fühlen, und dasselbe gilt für Erwachsene.

Man kann ein Kind nicht dazu »erziehen«, mehr zu schlafen, als seiner Entwicklung entspricht. Man kann es jedoch ungewollt davon abhalten, genug Schlaf zu bekommen, wenn man nicht weiß, wieviel das eigentlich ist, und die Zeichen nicht kennt, die darauf hindeuten, daß ein Kind chronisch übermüdet ist. Alle Kinder, auch die sogenannten »guten Schläfer« haben einmal Phasen, in denen sie nachts immer wieder aufwachen oder in denen sie abends partout nicht einschlafen können.

Wenn Sie sich Sorgen machen, ob Ihr Kind genug Schlaf bekommt, sollten Sie ein paar Tage lang notieren, wieviel Ihr Kind über den 24-Stunden-Tag verteilt schläft. Sie können dafür das Schlafprotokoll benutzen, das Sie im Anhang finden. Oft stellen Eltern dabei erstaunt fest, daß ihr Kind mehr schläft, als sie geglaubt hatten, weil es einen großen Teil seines Schlafbedürfnisses tagsüber stillt

II. Mehr Schlaf von Anfang an

... wie Ihr Baby Tag und Nacht unterscheiden lernt,
... wo Ihr Baby am besten schläft,
... wie Sie schöne Einschlaf-Rituale einführen

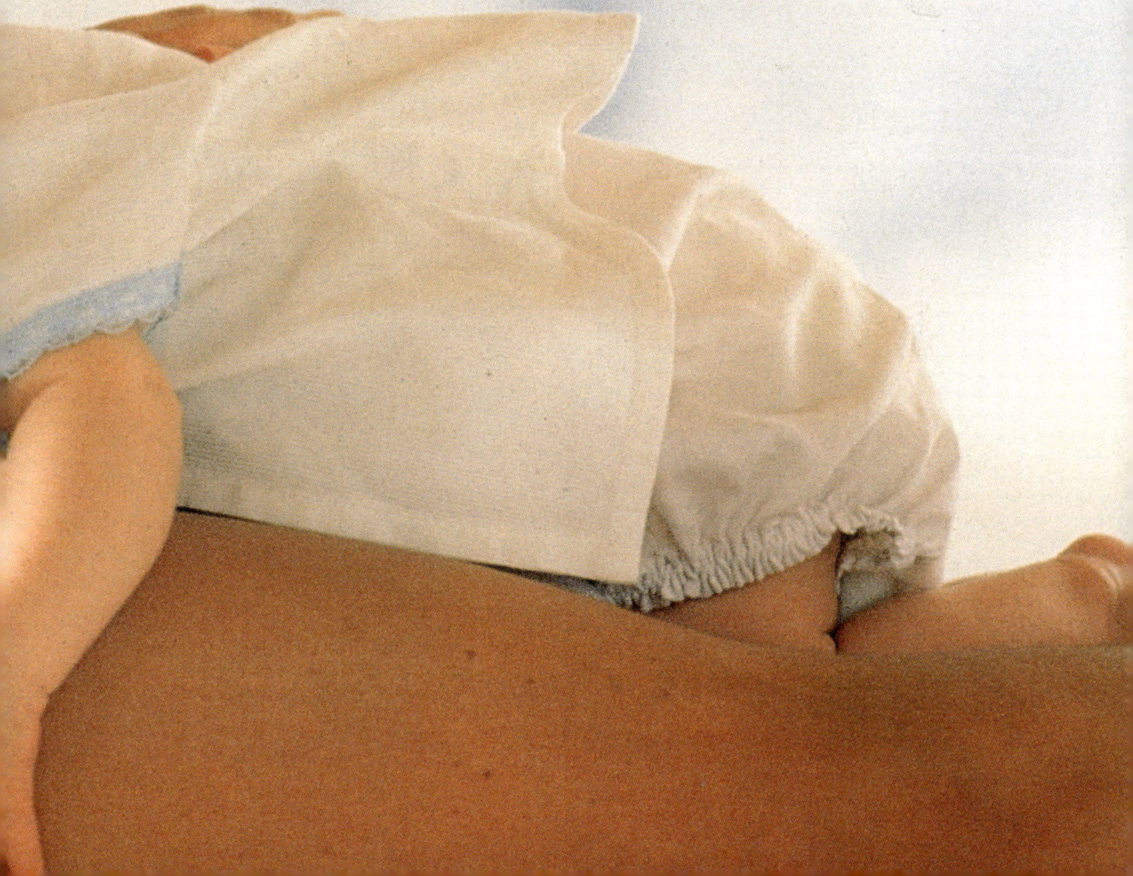

So lernt das Baby, Tag und Nacht zu unterscheiden

Wenn ein kleines Baby nachts nicht schlafen will, liegt das meist daran, daß es sich tagsüber zuviel Schlaf holt

Schon in den ersten Lebenswochen können Sie beginnen, den natürlichen Unterschied zwischen Tag und Nacht zu betonen. Mit den hier folgenden Tips können Sie Ihrem Baby im ersten halben Jahr dabei helfen, die Nächte schon bald zu richtigen Nächten zu machen. Wenn ein kleines Baby nachts nicht schlafen will, liegt das meist daran, daß es sich tagsüber zuviel Schlaf holt. Dann muß man es vor allem dazu anregen, einen größeren Teil seiner acht bis zehn Stunden Wachphasen auf den Tag zu verlegen.

Während des Tages:

- Solange Ihr Baby unter sechs Monate alt ist, sollten Sie die normalen Tagesgeräusche in Ihrem Haus nicht von ihm fernhalten. Legen Sie es tagsüber zum Schlafen nicht in ein ruhiges Zimmer. Hängen Sie tagsüber nicht das Schild »Baby schläft« an die Tür. Sagen Sie Ihren älteren Kindern nicht, daß sie ruhig sein müssen und machen Sie sich auch keine Sorgen, wenn der Hund bellt. Dem Baby sind alle normalen Geräusche Ihres Haushalts längst vertraut, es hat sie schon während der Schwangerschaft durch Ihre Bauchdecke hindurch gehört. Außerdem lassen sich Babys in den ersten Monaten durch nichts davon abhalten, sich tagsüber den Schlaf zu holen, den sie brauchen. Wenn es durch ein Geräusch aufgewacht ist und wach bleibt, kann das nur eines bedeuten, nämlich daß es vorläufig genug geschlafen hat. Den Schlaf, den es jetzt tagsüber nicht bekommt, wird es sich nachts holen – so wie es sein soll.

Verschlafene Babys sollten möglichst viel vom geräuschvollen Alltag mitbekommen, damit Sie merken, daß es sich lohnt, um diese Zeit wach zu sein

- Was tun, wenn es tagsüber einfach zu ruhig ist in Ihrem Haus, und das Baby schläft und schläft? Dann haben Sie zwei Möglichkeiten: Bieten Sie ihm Unterhaltung, beschäftigen Sie sich intensiv mit ihm, wenn es tagsüber wach ist, damit es möglichst lange wach bleibt. Und wenn es schläft, legen Sie es nur selten in sein Bettchen, am besten nur dann, wenn Sie sich auch selbst hinlegen. Ansonsten tragen Sie Ihr schlafendes Baby wenn möglich mit sich herum, während Sie ihren Erledigungen nachgehen – zum Beispiel während Sie einkaufen, kochen oder mit einer Freundin im Café sitzen. Auf diese Weise bekommt es weniger Ruhe und dafür mehr Eindrücke und Stimulation. Es lernt, daß die Tagesstunden eine interessante Zeit sind, in der etwas los ist.

- Frühestens mit sechs oder sieben Monaten, wenn Ihr Baby ein Krabbelkind geworden ist und nur noch zwei Tagesschläfchen hält, tut es das vielleicht besser in der Abgeschiedenheit seines Zimmers, denn jetzt wird das richtige Timing dieser beiden Schläfchen wichtig. In diesem Alter sollten Sie Ihr Baby ruhig aufwecken, wenn es tagsüber einmal zu lange schläft. Es sollte seine längste Wachphase am späten Nachmittag und frühen Abend haben, damit es nachts gut schlafen kann. Wenn es den Vormittagsschlaf zu lange ausdehnt, verschiebt sich der Nachmittagsschlaf, und wenn der zu lange dauert, kann es abends nicht rechtzeitig einschlafen. Mehr als ca. vier Stunden sollte ein Baby mit sechs Monaten tagsüber nicht mehr schlafen, sonst schläft es nachts nicht genug.

Vier Stunden Schlaf tagsüber sind für ein sechs Monate altes Kind genug

Während der Nacht:

- Machen Sie nachts so wenig Licht wie möglich. Am besten sind Nachtlämpchen in Schlafzimmer und Bad, die nur gerade so viel Licht abgeben, daß Sie das Nötigste sehen können. Sie können auch Dimmer einbauen, oder Sie stellen ein kleines Tischlämpchen mit 15-Watt-Birnen in jeden Raum, den Sie nachts benutzen.
- Seien Sie beim nächtlichen Füttern unkommunikativ. Ihr Baby braucht zwar seine Mahlzeiten, aber es braucht nicht rund um die Uhr eine Mutter, die auf jedes Lächeln eingeht. Es genügt, wenn Sie dies tagsüber tun. So lernt Ihr Baby schneller, daß die Nacht zum Schlafen und Stillsein da ist und der Tag zum Lachen und Spielen.
- Dasselbe gilt für das Wickeln. Tun Sie nur das Nötigste in aller Kürze und Stille. Vermeiden Sie nächtliche Spaziergänge in der Wohnung mit dem Baby auf dem Arm, indem Sie sich immer vor dem Zubettgehen vergewissern, daß alles bereitliegt, was Sie nachts zum Wickeln brauchen könnten.
- Sobald Ihr Baby nachts nicht mehr groß in die Windel macht (etwa ab dem dritten Monat), hören Sie ganz damit auf, es nachts zu wickeln. Geben Sie ihm statt dessen beim letzten Wickeln am späten Abend eine extra dicke Nacht-Windel, die bis zum Morgen dichthält.

In der Nacht ist es das Beste für Ihr Baby, wenn Sie sich einfach so geben, wie Sie gerade sind: verschlafen, ohne Lust auf Unterhaltung, zum Umfallen müde

Das Baby zur späten Abendmahlzeit wecken

Zu den schwierigsten Hürden der neuen Elternschaft gehört es, in den ersten zwei Stunden nach dem Einschlafen vom Baby geweckt zu werden, wenn man gerade im tiefsten Tiefschlaf steckt, denn dann ist das Aufwachen die größte Qual. Aber wenigstens einmal, am Beginn der Nacht, können Sie dies vermeiden: Wecken und füttern Sie das Baby bevor Sie selbst schlafen gehen, und Sie haben garantiert zwei Stunden Ruhe!

Am Ende des zweiten Monats haben sich Nahrungsbedarf und Milchbildung normalerweise aufeinander eingespielt, und die Mahlzeiten des Babys werden von sich aus regelmäßiger

Sie können damit jederzeit beginnen, schon in der zweiten Lebenswoche oder wann immer es Ihnen sinnvoll erscheint. Die meisten Mütter fangen irgendwann im zweiten oder dritten Monat damit an. Das ist ein guter Zeitpunkt, denn physiologisch sind Babys im dritten oder vierten Monat reif dafür, nach diesem Füttern bis vier oder fünf Uhr morgens durchzuschlafen. Und viele Mütter machen die Erfahrung, daß ihr Kind das dann auch tatsächlich tut.

Legen Sie einen Zeitpunkt für die späte Abendmahlzeit fest. Orientieren Sie sich dabei an Ihrer üblichen Bettgehzeit. Zum Beispiel: Wenn Sie normalerweise um elf Uhr abends schlafen gehen, dann ist halb elf der beste Zeitpunkt für die letzte Abendmahlzeit Ihres Babys.

Füttern Sie Ihr Baby jeden Tag um diese Zeit, egal wann es zuletzt getrunken hat. Es kann sein, daß dies zuerst die einzige Mahlzeit Ihres Babys ist, die jeden Tag zur gleichen Zeit stattfindet. Den Rest des Tages und der Nacht füttern Sie Ihr Baby ruhig nach Bedarf; dies ist zumindest in den ersten beiden Monaten für seine Verdauung und für Ihre Milchbildung das beste.

Je mehr Ihr Baby bei dieser Mahlzeit zu sich nimmt, desto besser

Anfangs wird Ihr Baby zur festgelegten Zeit wahrscheinlich gerade schlafen: Wecken Sie es ruhig auf, egal wann es zuletzt getrunken hat. Je mehr sich Ihr Baby daran gewöhnt, daß es um diese Zeit eine Mahlzeit bekommt, desto mehr wird sich auch sein ganzer Organismus darauf einstellen. Bald wird es zu dieser festen Zeit wach und hungrig sein, weil sich die anderen Mahlzeiten entsprechend verschoben haben.

Während sich das Baby an diese regelmäßige Mahlzeit gewöhnt, wird diese automatisch immer gehaltvoller, weil das Baby immer kräftiger trinken wird. Als stillende Mutter können Sie ein übriges tun, wenn Sie es sich einrichten, in der Stunde vor dieser Mahlzeit Ruhe zu haben, die Beine hochzulegen und sich zu entspannen.

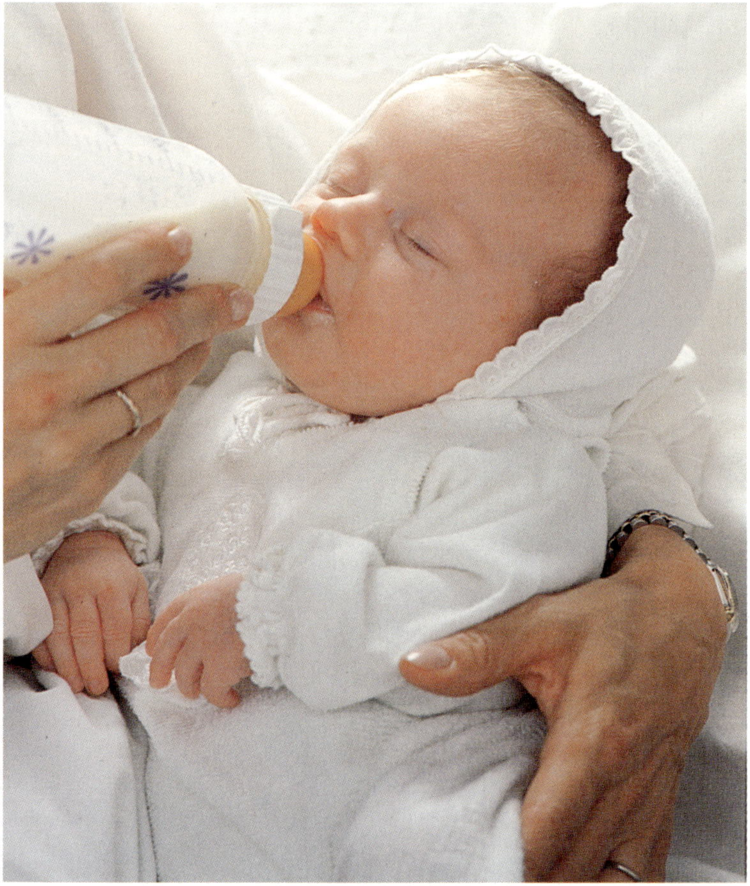

Übrigens:
Daß Flaschenbabys früher durchschlafen als Brustbabys hat sich als Ammenmärchen erwiesen. Wichtig ist, daß Sie als stillende Mutter im Verlauf des Tages selbst genügend trinken und sich vor allem immer wieder Pausen gönnen. Denn Sie können es sich nicht leisten, am Ende Ihres Tages auch am Ende Ihrer Kraft zu sein

Ab dem sechsten oder siebten Monat können Babys entwicklungsmäßig elf bis zwölf Stunden durchschlafen – vom frühen Abend bis zum frühen Morgen, an einem Stück! Wenn Ihr Baby damit beginnt, wird es zur gewohnten späten Abendmahlzeit auf einmal wieder schlafen. Jetzt darf es das natürlich, ohne geweckt zu werden.

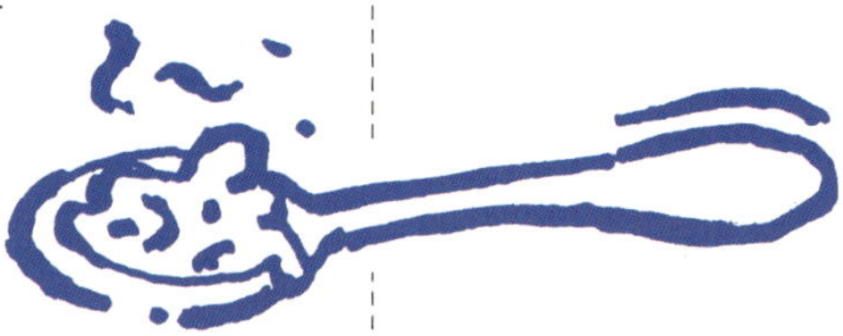

Abwechselnd beim Baby schlafen

Eine weitere Lösung, die der Mutter in den ersten beiden Monaten mehr Schlaf verschafft, liegt darin, daß Vater und Mutter in den ersten zwei, drei Monaten abwechselnd im Babyzimmer schlafen.

Wenn der Vater Baby-Nachtschicht hat, bringt er das Kind zum Stillen zur Mutter und wickelt es hinterher im Babyzimmer. Es ist erstaunlich, wieviel mehr Schlaf die Mutter bekommt, wenn sie nicht schon beim ersten Ton aufwacht und während des Stillens fast schon wieder einschlafen kann. Im Laufe der Nacht kommt da einiges zusammen – und das kommt der nervlichen Verfassung und damit der Milchbildung zugute. Der Vater kann den vorübergehenden Schlafmangel in jeder zweiten Nacht gut ausgleichen, wenn er vollkommen ungestört durchschlafen kann.

- Nehmen Sie Ihr Baby in den ersten Monaten nachts so schnell wie möglich auf, wenn es Hunger hat. Nächtliche Mahlzeiten sind jetzt noch unvermeidlich, also lohnt es sich nicht zu warten, bis das Baby sich in eine höhere Lautstärke hineingesteigert hat. Dadurch wird es nur immer wacher und schläft danach nicht so rasch wieder ein.
- Erst sobald Ihr Baby alt genug ist, um nachts mit weniger Mahlzeiten auszukommen, sollten Sie ihm auch die Chance geben, von alleine wieder einzuschlafen. Jetzt ist es Zeit, um erst einmal abzuwarten, ob es sich nicht ohne Ihre Hilfe beruhigen kann.

Ab dem dritten Monat kann das Baby auch einmal eine Mahlzeit aus abgepumpter Muttermilch bekommen – vom Papa aus der Flasche. Vorher würde diese Praktik die Milchbildung eventuell noch durcheinanderbringen. Die ist während der ersten sechs bis acht Wochen ein feiner Balanceakt zwischen Nachfrage und Angebot. Spätestens vom dritten Monat an kann die Mutter jedoch immer nach dem Stillen noch ein wenig Milch abpumpen und tiefkühlen. Mütter, die viel

Milch haben, bringen so schon im Laufe eines Tages genug für eine Nachtmahlzeit zusammen. Dann bleibt die Milch auch im Kühlschrank frisch genug. Beim Aufwärmen sollte darauf geachtet werden, daß sie nicht mehr erhitzt wird als nötig, damit nichts von ihren wertvollen Nährstoffen verlorengeht.

Gute und schlechte Einschlafgewohnheiten

Wenn ein kleines Kind nur schwer in den Schlaf findet, gibt es vieles, was seine Eltern tun können. Hier sollten Eltern allerdings mit Bedacht vorgehen, denn manche dieser Einschlaf-Hilfen können leicht zu Durchschlaf-Hindernissen werden.

Jedes Kind wird jede Nacht mehrere Male halbwach. Das gehört zum normalen Verlauf der wechselnden Schlafphasen und ist kein Problem. Das entsteht daraus nur dann, wenn das Baby es gewohnt ist, abends immer unter Bedingungen einzuschlafen, die es nachts im Halbwachzustand nicht wieder vorfindet. Dann schlägt sein System Alarm, und es wird richtig wach. Es versucht dann natürlich, die gewohnte Einschlafsituation wieder herzustellen, damit es weiterschlafen kann. Das ist auch bei Erwachsenen so.

Falls Ihr Baby mit sechs Monaten nachts nicht mehr als vier Stunden am Stück schläft, ist es höchste Zeit, seine Einschlafgewohnheiten unter die Lupe zu nehmen

Solange Sie vom Baby sowieso nicht erwarten können, daß es durchschläft, also in den ersten zwei, drei Monaten, wird nichts von dem hier Aufgeführten seinen Schlaf stören. Erst wenn es in ein Alter kommt, in dem es schon den größeren Teil der Nacht durchschlafen kann, lohnt es sich, darauf zu achten, daß es keine Einschlafgewohnheiten entwickelt, die es am Durchschlafen hindern. Die meisten Babys sind mit drei bis vier Monaten soweit, vorausgesetzt, daß sie gesund und nicht deutlich vor dem Geburtstermin zur Welt gekommen sind, denn dann müßten sie in der Entwicklung erst noch aufholen.

Das Baby schläft beim Trinken ein. Beim Neugeborenen ist das ganz normal und läßt sich oft gar nicht verhindern. Wenn das Baby aber größer wird, schläft es nicht mehr automatisch beim Trinken ein. Viele Eltern behalten trotzdem die Gewohnheit gerne bei, weil es ein sehr befriedigendes und entspannendes Erlebnis ist, das Baby in den Armen zu halten und zu betrachten, während es sich selig in den Schlaf nuckelt. Wenn Ihr Kind seinem Alter entsprechend nachts durchschläft, gibt es natürlich nichts dagegen einzuwenden, daß es auf diese Weise einschläft. Aber sobald das Kind nachts aufwacht und

Wenn das Baby nachts nur mit Brust oder Flasche wieder einschlafen kann, liegt das daran, daß es auch abends immer mit der Brust oder Flasche im Mund einschläft

Wichtig ist, daß Sie die Mahlzeiten nicht mehr als Mittel ansehen, das dem Baby in den Schlaf hilft

etwas zu trinken braucht, um weiterschlafen zu können, ist es besser, Essen und Schlafen voneinander zu trennen.

Durch diese Einschlafgewohnheiten gewöhnt sich Ihr Kind nächtliche Mahlzeiten an, die es davon abhalten, am Tag genug zu sich zu nehmen. Gehen Sie deshalb mehr und mehr dazu über, das Baby tagsüber dann zu füttern, wenn es ausgeschlafen ist. Wenn es beim Trinken beginnt einzuschlafen, hören Sie damit auf und legen es in sein Bettchen. Am Abend, wenn es darauf ankommt, daß das Baby vor dem Schlafengehen eine ausgiebige Mahlzeit zu sich nimmt, können Sie das Füttern vor dem Wickeln und Schmusen einplanen. Wenn Ihr Baby beim Trinken einschlafen will, wickeln Sie es, dabei wird es wieder wach und kann zu Ende trinken.

Das Baby braucht zum Einschlafen einen Schnuller. Solange das Baby in einem Alter ist, wo es sich den Schnuller noch nicht selbst wieder in den Mund stecken kann – also unter einem Jahr -, wird diese Einschlafgewohnheit oft zum Durchschlaf-Hindernis. Der Schnuller fällt dem Baby aus dem Mund, sobald sich seine Kiefer entspannen, und das Baby wacht auf, weil der Schnuller fehlt, sobald es in den nächsten Halbwachzustand kommt. Zum Schlafen ist es für kleine Babys besser, wenn sie lernen, am Daumen zu lutschen oder an ihren Fingern zu saugen, weil sie diese nachts selbst wiederfinden können. Viele Babys haben das Daumenlutschen bereits während der Schwangerschaft geübt.

Einschlafhilfen aus alter Zeit – zu Unrecht vergessen. Als die Familien noch größer waren als heute, wurden kleine Babys selten von der Mutter zu Bett gebracht und häufig von Großeltern, größeren Geschwistern oder anderen Familienmitgliedern. Aus dieser Zeit stammen Einschlafhilfen, die ohne Brust, Flasche oder Schnuller auskommen

FÜR EIN KIND AB EINEM JAHR ist ein Schnuller kein Problem mehr, weil es ihn finden und sich selbst wieder in den Mund stecken kann. Dann kann es von selbst weiterschlafen. Zur Sicherheit kann man ihm mehrere Schnuller neben das Kissen legen, damit es ganz bestimmt einen findet.

Das Baby will zum Einschlafen herumgetragen werden. Auf Dauer müssen sich Babys, die immer auf dem Arm einschlafen und später im Bettchen aufwachen, betrogen vorkommen. Kein Wunder, wenn sie beim Einschlafen mißtrauisch werden. Natürlich ist der Arm der Lieblingsplatz aller Babys, und Sie sollen Ihr Baby auch herumtragen, soviel Sie können. Nur nicht, während es gerade einschläft. Denn das ist nicht die Situation, die das Baby nachts im Halbwachzustand vorfinden wird.

Tragen Sie Ihr Baby umher, soviel Sie mögen – jedoch nie als Mittel, um es zum Einschlafen zu bringen

Für Babys im ersten halben Jahr ist eine Wiege optimal. Alleine in seinem Bettchen einschlafen kann das Baby schon von Anfang an, wenn es dabei rhythmisch hin- und hergeschaukelt wird. Das starke, natürliche Bedürfnis nach wiegenden Bewegungen bleibt Babys bis weit ins erste Lebenshalbjahr hinein erhalten, ab dem vierten Monat nimmt es allmählich ab. Dieses intensive Bedürfnis ist der Grund, warum heute, wo Wiegen rar geworden sind, so viele Babys in den Armen von Mutter oder Vater in den Schlaf gewiegt werden.

Mittlerweile haben Wissenschaftler den Wiegen-Zauber entschlüsselt. Eine richtige Wiege schaukelt in einem Winkel und Rhythmus, der das Baby an die Geborgenheit in seiner ersten »Wiege« erinnert: das Becken seiner Mutter während der Schwangerschaft. Geheimnisvollerweise haben auch die ältesten Wiegenlieder einen Rhythmus, der zu dem der Wiege paßt und im Takt dem ruhigen Herzschlag der Mutter ähnelt.

Eine gute Wiege schaukelt das Baby wie das Becken der Mutter während der Schwangerschaft

Alles, was schwingt, kann als Ersatz herhalten, wenn man keine Wiege hat. Traditionellerweise ist das ein an der Decke aufgehängter, ausgepolsterter Wäschekorb. Heute gibt es auch Swing-O-Matics, aufstellbare, schwingende Babysitze. Diese eignen sich gut, wenn das Baby tagsüber einmal nicht herumgetragen werden kann. Auch spezielle Baby-Hängematten sind dafür wunderbar geeignet, weil sie das

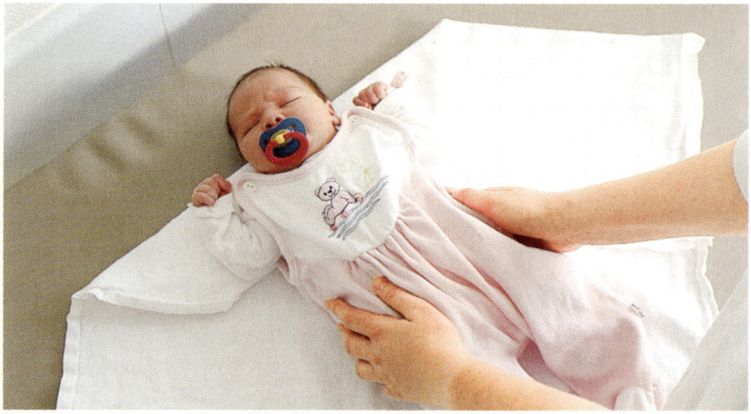

Die feste Umhüllung erfüllt das Bedürfnis des Babys nach Wärme und Geborgenheit und hilft ihm, sich zu entspannen und zu beruhigen

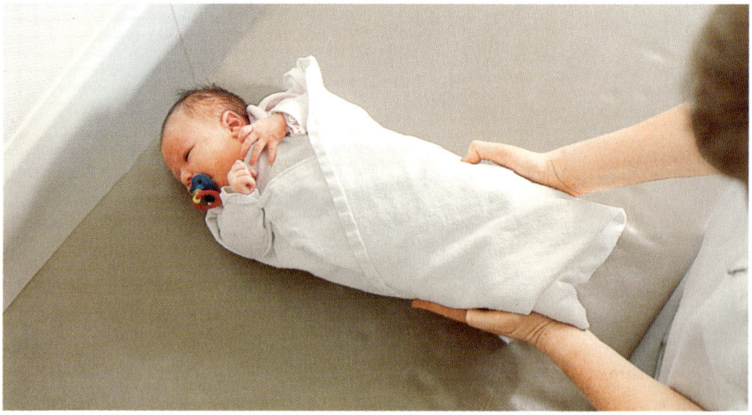

Baby so schön umkuscheln. Selbst ein Kinderwagen ist in den ersten Monaten eine passable Einschlafhilfe.

Eine feste Umhüllung erinnert Babys wohlig an die relativ enge Geborgenheit im Mutterleib. Deshalb wirkt ein alter Hebammentrick so gut: Das Neugeborene wird bis zum Hals wie ein kleines Bündel in ein Moltontuch gewickelt. So spürt es bei jeder Bewegung einen leichten Widerstand, ganz wie es das aus dem Mutterleib gewohnt ist. Wenn seine Arme und Beine beim Einschlafen unwillkürlich zusammenzucken, gibt ihm die feste Umhüllung Halt und verhindert, daß es davon aus dem ersten Schlaf schreckt.

SO HÜLLEN SIE IHR BABY RICHTIG EIN:

1. Schlagen Sie eine Ecke einer großen, weichen Moltonwindel um zwei Handbreit um.
2. Legen Sie das Baby so auf das Tuch, daß sein Köpfchen auf der umgeschlagenen Ecke liegt.
3. Wickeln Sie eine Seite des Tuchs enganliegend um das Baby herum, stecken Sie das Ende glatt und faltenfrei unter seinen Rücken. Strecken Sie die Arme Ihres Babys dabei nicht nach unten, sondern lassen Sie sie in ihrer natürlichen, angewinkelten Haltung: Die Händchen sollten oben in der Nähe seines Kinns liegen, damit es an ihnen saugen und lutschen kann.
4. Falten Sie die untere Ecke der Windel nach oben um, gerade so weit, daß das Baby die Beine etwas strecken könnte, wenn es das wollte. In den ersten Monaten halten Babys ihre Beine meistens angezogen. Hüllen Sie Ihr Baby so ein, wie es ist, ohne die Ärmchen und Beinchen zu strecken.
5. Nun wird die zweite Seite eng um den Körper gezogen und glatt unter das Baby geschoben – fertig.

Baden und Planschen macht müde.Wenn Sie an Ihrem Baby beobachten, daß es immer kurz danach einschläft und ein ausgiebiges Nickerchen hält, können Sie aus dem Bad am Abend ein erstes Bettgeh-Ritual werden lassen

Da das Tuch nur vom Gewicht des Babys festgehalten wird, brauchen Sie keine Sorge haben, es zu stramm zu ziehen. Die Umhüllung soll wirklich fest sein und den kleinen Bewegungen und Zuckungen des Babys Widerstand bieten. Keine Angst, wenn Ihr Baby eines Tages über das Bedürfnis nach dem Eingehülltsein hinausgewachsen ist, wird es anfangen, sich kräftig freizustrampeln. Babys sind sehr unterschiedlich darin, wie lange sie fest eingehüllt sein mögen.

Wo schläft Ihr Baby am besten?

Jede Kultur hat ihre eigene Antwort auf diese Frage. Überall auf der Welt lassen Eltern ihre Kinder jedoch dort schlafen, wo sie in Sicherheit und in Hörweite sind.

In den ersten Monaten, wenn das Baby nachts noch häufig gefüttert werden muß, finden es die meisten Mütter am einfachsten mit dem Baby zusammen zu schlafen, so daß sie nicht jedes Mal aufstehen und aufbleiben müssen, bis das Baby wieder schläft. Die Angst, daß man sich im Schlaf auf das Baby rollen könnte, wenn man mit ihm die Matratze teilt, ist unbegründet. Allerdings muß man die Möbel so stellen, daß das Baby nicht aus dem Bett fallen kann. Zum Beispiel: Sie rücken Ihr Bett an die Wand und legen Ihr Baby zwischen sich und die Wand. Oder Sie sichern den Bettrand mit Polstern und angerückten Sesseln. Es ist normalerweise besser, wenn das Kind an der Seite der Mutter liegt. Der Platz zwischen Mutter und Vater ist für ein kleines Baby weniger gut geeignet.

Schläft das Neugeborene im selben Zimmer, ist das eine Erleichterung für die stillende Mutter

Im eigenen Körbchen oder in seiner Wiege kann das Baby neben dem Bett der Mutter schlafen. Oder der Babykorb hängt über dem Fußende des Elternbetts von der Decke, so daß er mit den Füßen leicht angeschubst werden kann und das Baby wiegt. Diese Lösung bevorzugen Mütter die besser schlafen, wenn sie ihre Matratze nicht mit dem Baby teilen und die trotzdem einen kurzen Weg zum Baby haben wollen. So können sie auch sicher sein, daß sie keines seiner Geräusche überhören. Manchmal läßt sich ein normales Babybettchen mit einem entfernten Seitenteil direkt neben das Bett der Mutter rücken. So liegt die Mutter Matratze an Matratze mit ihrem Baby, das an drei Seiten von seinem eigenen Bettgestell sicher umschlossen ist.

Von Anfang an im Kinderzimmer schlafen – auch das ist möglich. Je nachdem wie weit dies vom Elternschlafzimmer entfernt ist, genügt es vielleicht nicht, die Tür einen Spalt offen zu lassen, und man braucht ein Babyphon für die akustische Verbindung. Daß einem auffällige Geräusche nicht entgehen, ist wichtig für die Sicherheit des Babys während der ersten Wochen.

DAS BABY IMMER AUF DEN BAUCH LEGEN, wenn Sie es in den ersten Monaten außerhalb Ihrer unmittelbaren Sicht- und Hörweite hinlegen. In der Seitenlage können Sekrete aus Mund und Nase am besten abfließen. Das Baby kann sich nicht an aufgestoßener Milch verschlucken und in Atemnot geraten. Damit Ihr Baby auf der Seite liegen bleibt stützen Sie seinen Rücken am besten mit einer aufgerollten Moltonwindel oder einer Handtuchrolle.

Neugeborene robben oft bis ans Kopfende des Bettes, weil sie es von der Schwangerschaft her noch gewohnt sind, dort Widerstand zu spüren. Polstern Sie das Bettchen am Kopfende ab oder legen Sie ihm eine fest gerollte Windel oben an den Kopf

Damit Ihr Baby gern ins Bett geht

Babys mögen den Duft ihrer Mutter. Der Geruchsinn ist bereits bei Neugeborenen hochentwickelt, und der Geruch der Mutter bedeutet Sicherheit. Geben Sie Ihrem Baby ein Wäschestück von sich mit unter die Decke, vielleicht ein Unterhemd oder T-Shirt, das Sie ein paarmal getragen haben. Wählen Sie nichts mit dünnen Trägern, in denen sich Ihr Baby verheddern könnte. Der Trick funktioniert aber nur, wenn die Wäsche den natürlichen Körperduft der Mutter verströmt und nicht die Aprilfrische eines Weichspülers.

Babys fühlen sich besonders wohl in ihren Bettchen, wenn es darin nach der Mama riecht

Ein purpurroter Himmel über der Wiege taucht die Welt Ihres Babys in rosiges Licht. Diese Farbe beruhigt Neugeborene und behütet ihren Schlaf besonders gut. Das hat sogar eine wissenschaftliche Studie bewiesen. Vermutlich werden Babys damit an den rötlichen Schimmer im Mutterleib erinnert. Anthroposophische Kinderärzte empfehlen einen roten Betthimmel als Rachitisprophylaxe: Dafür werden zwei Bahnen durchscheinender Stoff übereinandergelegt, eine in Purpur und eine in Hellblau. Sie können auch die Wände des Kinderzimmers altrosa streichen, rote Vorhänge anbringen, die Wände des Babybettchens mit rotem Stoff bespannen oder seine Wäsche rötlich färben.

Plötzliche Geräusche oder Geräusche, die plötzlich aufhören, wecken Babys oft auf

Konstante Geräusche wirken beruhigend auf kleine Babys, vor allem solche, die sie an das Pochen, Pulsieren und Gluckern erinnern, von dem sie vor der Geburt ständig umgeben waren. Aus diesem Grund finden es viele Eltern hilfreich, zur Entspannung für ihr Baby ein Gerät anzuschalten, das summt, brummt oder blubbert, wie zum Beispiel einen Luftbefeuchter, Staubsauger oder Föhn. Auch ein Aquarium im Kinderzimmer erfüllt diesen Zweck. Es gibt sogar spezielle Kassetten für Babys, die das ruhige Pochen und Pulsieren wiedergeben, das es vom Mutterleib her kennt.

Gute Bettgesellen sind ein paar Stofftiere, die nur im Babybettchen »leben«. Sie teilen nur diese Welt des Kindes und machen sie dadurch zu einem besonderen Raum, einem, der nicht leer und leblos, sondern eben von diesen speziellen Schlafkameraden bevölkert ist. Das Kind kann sich beim Zähneputzen schon darauf freuen, diese speziellen Freunde der Nacht bald wieder zu sehen.

Wenn Ihr Kind schon größer ist: Schöne Einschlaf-Rituale

Machen Sie den letzten Teil des Tages für Ihr Kind zu einer friedlichen und gemütlichen Zeit, in der es Liebe und Geborgenheit tanken kann. Es stimmt sich körperlich und seelisch auf den Schlaf ein.

- Tobespiele sollten spätestens eine Stunde vor dem Zubettgehen beendet sein.
- Lassen Sie die letzte Stunde immer in derselben Reihenfolge ablaufen – zum Beispiel Abendessen, Spielen, Bad, Zähneputzen, Zubettgehen. Mit der Zeit stellt sich Ihr Baby dabei innerlich schon auf die Nacht ein.
- Schaffen Sie ein kleines, allabendliches Bettgeh-Ritual mit Ihrem Baby, das vermittelt ihm Sicherheit in seinem Zimmer. Sie können es zum Beispiel auf dem Arm in sein Zimmer tragen, wo es zuerst zu seinem Lieblingsbild und dann zu zwei oder drei Stofftieren Gute Nacht sagt. Wenn es größer ist, kann es schon seine Puppe oder den Teddy zu Bett bringen. Dann wird es mit seinem Kuscheltier zusammen hingelegt und zugedeckt, und beide bekommen einen letzten Gute-Nacht-Kuß. Vielleicht singen Sie ihm noch ein kurzes Liedchen vor oder machen seine Spieluhr an, bevor Sie hinausgehen und die Tür einen Spalt offenlassen.
- Vom Kleinkind- oder frühen Kindergartenalter an tut es vielen Kindern gut, sich mit der Mutter oder dem Vater direkt vor dem Einschlafen noch einmal an den ganzen Tag zu erinnern. Dieses kleine Ritual heißt »Was für ein Tag war heute?«. Am Anfang sind es vielleicht noch die Eltern, die das Kind an seine Tageserlebnisse erinnern, vom Aufwachen bis jetzt. Später erzählt das Kind selbst, und Mutter oder Vater hören zu. Dabei kann sich das Kind von allem befreien, was es vielleicht bedrückt: Dies ist ein Moment für uneingeschränktes Verständnis und liebevollen Zuspruch.
- Wenn Sie Ihr Kind religiös erziehen, hat es vielleicht ein kleines Nachtgebet, das Sie mit ihm sprechen und das ihm das Gefühl vermittelt, auch im Schlaf beschützt zu sein.

Die Zeit vor dem Schlafengehen soll beim größeren Baby und beim Kleinkind einen stets vorhersehbaren Verlauf nehmen. Das erleichtert dem Kind den Abschied vom Tag und den Übergang in die Nacht

Vielleicht gibt es ein Bild von einem Schutzengel oder ein anderes Schutzsymbol an der Wand über dem Bett. Solche Dinge helfen Kindern in diesem Alter, wo ihre Phantasiewelt sehr lebendig und voller Magie ist, sich dem Schlaf zu überlassen

Damit Ihr Baby schon bald durchschläft

Nächtliche Mahlzeiten wegen »gelerntem« Hunger – das heißt Hunger nur aus Gewohnheit, in einem Alter, wo das Kind tagsüber schon genug zu sich nehmen könnte – sind der zweithäufigste Grund für Schlafprobleme. Oft ist diese Ursache gleichzeitig mit falschen Einschlafgewohnheiten verbunden, beispielsweise wenn das Baby es gewohnt ist, an der Brust oder mit der Flasche einzuschlafen.

Auf lange Sicht sorgt unnötiges nächtliches Füttern für unruhige Nächte

Wenn das Baby nachts nichts mehr braucht

Natürlich ist die Brust oder das Fläschchen gerade nachts die schnellste Art, ein Baby oder Kleinkind zu beruhigen. Und wenn es Ihnen nichts ausmacht, Ihr Baby nachts zu stillen, sehen Sie vielleicht keinen Grund, damit aufzuhören. Solange es Sie nicht stört, daß Ihr Baby nicht durchschläft, gibt es auch tatsächlich kein Problem – Ihr Kind wird sich insgesamt genügend Schlaf holen, und Sie hoffentlich auch.

Doch irgendwann stellt sich der Organismus des Babys auf diese Mahlzeiten ein. Damit das Baby nicht zu viele Kalorien zu sich nimmt regelt seine innere Uhr den Appetit entsprechend. Er wird tagsüber gedrosselt – und das Baby wacht nachts weiterhin vor Hunger auf, obwohl es eigentlich schon durchschlafen könnte. Wenn Ihr Kind größer ist, wird es darauf bestehen, die Gewohnheit beizubehalten,

Es ist kein Problem, wenn Sie Ihr Baby ein, zwei Nächte lang wieder häufiger trinken lassen, mehr als drei könnten jedoch schon wieder eine Gewohnheit daraus machen

und es wird schwerer sein, es umzugewöhnen, sobald Ihnen das dann nötig scheint. Möglich ist allerdings auch das. (Lesen Sie auf Seite 69 wie man größeren Babys und Kleinkindern nächtliche Mahlzeiten abgewöhnen kann.)

Ungefähr ab dem dritten Monat sollten Sie sich abgewöhnen, nachts auf jeden unruhigen Ton Ihres Babys sofort zu reagieren. Ihr Baby übt jetzt vielleicht, sich selbst wieder in den Schlaf zu »singen«. Geben Sie ihm häufig die Gelegenheit dazu. Das gilt auch, wenn das Baby nach dem nächtlichen Trinken nicht sofort wieder einschläft. Hier werden Sie schnell das richtige Maß gefunden haben: den Moment, der nicht zu früh ist, aber auch nicht so spät, daß das Baby sich in einen Unmut hineingesteigert hat, aus dem es nur schwer wieder herauskommt.

Wenn Sie nicht sicher sind, ob Ihr Kind nachts nicht doch noch vor Hunger aufwacht, beobachten Sie, wieviel es tagsüber trinkt

Die Nachtmahlzeiten hinauszögern

Die hier folgenden Tips sind für Eltern gedacht, denen es wichtig ist, daß ihr Baby so früh wie möglich seine Nacht-Mahlzeiten aufgibt, also im dritten bis vierten Monat. Ist Ihr Baby schon älter als sechs Monate, dann lesen Sie im vierten Kapitel, wie Sie ihm Nachtmahlzeiten abgewöhnen können.

WORUM ES GEHT: Wenn das Baby nachts aufwacht wird jetzt alles getan, um eine Mahlzeit so lange wie möglich hinauszuzögern. Vergißt das Baby sie dabei und schläft ohne zu trinken wieder ein, ist man schon halb am Ziel. Sie dürfen alles tun, was das Baby beruhigt oder ablenkt. Als letzte Rettung wird dem Baby angewärmter Fencheltee oder Wasser aus der Flasche angeboten. Es sollte natürlich nicht das erste Mal sein, daß man einem gestillten Baby eine Flasche anbietet, lassen Sie es möglichst tagsüber Bekanntschaft damit machen.

Hier ist der Partner gefragt: Als Mann können Sie Ihr Baby nachts viel leichter beruhigen, gerade weil Sie keinen Busen haben! Wenn das Baby in den Armen der Mutter die Brust spürt und riecht, bekommt es natürlich Appetit darauf. Die Brust bedeutet für das Baby ja nicht nur Kalorien, sondern vor allem auch die wohlige Lust beim Nuckeln.

Auch die Arme des Vaters haben ihren Reiz und ihren speziellen Duft, die seelischen Bedürfnisse des Babys kommen darin nicht zu kurz

Wann beginnen?
Für den Partner oder die Oma lohnt es sich, auf einen Donnerstag- oder Freitagabend zu warten, weil der versäumte Schlaf am Wochenende tagsüber gut nachgeholt werden kann. Achten Sie darauf, daß es dem Baby gut geht und es zum Beispiel nicht gerade mit einer Erkältung kämpft

Wenn es nach einem langen Wochenende noch nicht geklappt hat, kann man es vierzehn Tage später wieder probieren

Es ist wichtig, diese Lust des Babys zu stillen, aber das muß nicht nachts geschehen.

Wenn Sie alleinerziehend sind, überlegen Sie, wer Ihnen vorübergehend nachts helfen könnte. Vielleicht gibt es eine Freundin, die auch tagsüber häufig mit Ihnen und dem Kind zusammen ist? Wenn Sie niemand anderes haben, können Sie versuchen, nachts Ihre Brust so gut einzupacken, daß das Baby sie kaum spüren kann, wenn Sie es in die Arme nehmen. Dabei hilft zum Beispiel eine wattierte ärmellose Weste oder ein wirklich dicker Morgenmantel. Vielleicht können Sie auch kurz in Ihren Wintermantel schlüpfen, darin verschwindet sogar Ihr Duft.

So wird es gemacht:

- Das Baby bekommt die festgelegte Abendmahlzeit, bevor Sie schlafen gehen. Wenn es in der Nacht aufwacht, warten Sie zuerst ab, ob es sich nicht selbst beruhigt.
- Tut es das nicht, gehen Sie zu ihm und versuchen, es mit Worten, Streicheln, Schlaflied, Spieluhr und ähnlichem wieder zum Einschlafen zu bewegen, ohne es aus seinem Bettchen zu nehmen. Günstig ist es, wenn das Baby in einer Wiege geschaukelt werden kann. Steht die Wiege neben dem Elternbett, ist das natürlich sehr bequem – Sie brauchen gar nicht aufzustehen.
- Nur wenn Sie damit nicht den gewünschten Erfolg haben, nehmen Sie das Baby hoch. Geben Sie ihm eine frische Windel, und bringen Sie es danach wieder zu Bett.
- Hat auch das Wickeln nichts genützt, können Sie Ihr Baby in den Armen spazierentragen. Vermeiden Sie dabei die Still-Haltung, in der es gewohnt ist, seine oralen Wünsche zu befriedigen. Sie können ihm etwas bieten, was im Moment besser ist! Die beste Väter-Art ein Baby zu tragen ist die Neck-Nestler-Haltung (siehe Marginalie). Summen Sie dem Baby etwas vor, während Sie es spazierentragen. Sieht es aus, als würde das Baby gleich einschlafen, legen Sie es behutsam in sein Bettchen zurück.
- Erst wenn gar nichts anderes geholfen hat, bieten Sie dem Baby schließlich eine Flasche mit warmem Fencheltee oder Wasser an, die Sie für diesen Zweck schon vor dem Schlafengehen hergerichtet haben. Es kann sein, daß das Baby damit aufgibt und einschläft – herzlichen Glückwunsch!
- Es kann aber auch sein, daß das Baby den Fencheltee entweder ablehnt oder nach kurzem Schlaf von neuem aufwacht. Dann haben

Sie doch zumindest Ihr erstes Ziel erreicht und die Zeit bis zur nächsten Mahlzeit beträchtlich hinausgezögert. Diese wird das Baby jetzt wohl wirklich brauchen. Aber vielleicht wird es aus dieser Erfahrung heraus schon morgen abend mehr trinken und nachts länger durchschlafen.

Wichtig: Probieren Sie diese Methode nicht länger als drei bis vier Nächte hintereinander aus, sonst wird die vermehrte nächtliche Zuwendung Ihrem Baby zur Gewohnheit. Wenn es nach vier Nächten nicht geklappt hat, daß das Baby durchschläft, dann war es wohl noch zu früh.

WIE LANGE MUSS DAS BABY NACHTS GEFÜTTERT WERDEN?

- In den ersten beiden Lebensmonaten müssen Babys noch rund um die Uhr in relativ kurzen Abständen gefüttert werden, nämlich etwa alle zwei bis vier Stunden. Dies ändert sich aber schnell.
- Mit drei bis vier Monaten sind Säuglinge von ihrer Entwicklung her bereits in der Lage, nachts bis zu sechs Stunden lang ohne Kalorienzufuhr auszukommen.
- Mit sechs bis sieben Monaten kann sich die nächtliche Essenspause schon auf elf bis zwölf Stunden verdoppeln. Das geschieht manchmal ganz allmählich, oft aber auch ganz plötzlich: Das Baby läßt auf einmal eine nächtliche Mahlzeit ersatzlos aus.

»Neck-Nestler« nennt der amerikanische Kinderarzt William Sears, Vater von acht Kindern, seine »Erfolgshaltung« auf der Suche nach Schlaf: Halten Sie Ihr Baby aufrecht auf Ihrem Arm sitzend, mit seinem Köpfchen hautnah unter ihrem Kinn, Brust an Brust geschmiegt. So können Sie dem Kleinen mit der freien Hand besänftigend den Rücken klopfen oder streichen, und wenn Sie summen oder ihm etwas vorsingen geht die Vibration von Ihrem Kehlkopf direkt auf Ihr Kind über

Wenn Ihr Baby reif ist für feste Zeiten

Richtig reif für ein festes Zeitschema ist ein Kind mit sechs Monaten. Günstig ist es aber, wenn man schon im vierten oder fünften Monat allmählich damit beginnt, eine gewisse Stabilität in den Tagesablauf zu bringen. Sobald das Baby selbst ein einigermaßen vorhersehbares Muster zeigt, ist es Zeit dafür.

Faustregel: Sobald ein Baby sitzen kann, ist es physiologisch reif dafür, seinen gesamten Kalorienbedarf tagsüber zu stillen und vom frühen Abend bis zum frühen Morgen ohne Mahlzeit auszukommen

Warum ein fester Rhythmus gut ist

Schlaf ist erfahrungsgemäß ein Zustand, der sich nicht erzwingen läßt. Andererseits läßt er sich selbst bei Erwachsenen nur sehr schwer verhindern, sobald er einen überkommt. Wenn man will, daß ein Kind regelmäßig zu einer bestimmten Zeit einschlafen kann, muß es also um diese Zeit müde sein. Denn egal, was man tut – es mit dem Auto spazierenfahren, sein Körbchen auf die laufende Waschmaschine stellen, es im Arm herumtragen und ihm Schlaflieder vorsingen, streng sein und es »einfach« schreien lassen – nichts auf der Welt kann ein Kind zum Einschlafen bringen, wenn seine physiologischen Barometer wie Körpertemperatur, Kortisolspiegel etc. gerade eine Wachphase anzeigen. Hingegen schläft jedes Kind mühelos ein, wenn seine innere Uhr auf eine bestimmte Schlafenszeit eingestellt ist.

»Ob es wohl schon wieder Hunger hat?« ist die Frage, die junge Eltern sich zuerst am häufigsten stellen

Füttern auf Verlangen – ein Problem?

Damit sich ein biologischer Rhythmus einspielt, sind feste Essenszeiten genauso wichtig wie feste Schlafzeiten. Sie sorgen dafür, daß das Kind zu gewohnten Zeiten hungrig wird und essen kann und nicht zu Zeiten, die seinen Schlaf stören würden. Natürlich gilt das nicht von Anfang an: Erst nach drei oder vier Monaten, spätestens gegen Ende des ersten Halbjahres, spielen feste Zeiten eine immer größere Rolle für das Baby. Man weiß heute, daß es völliger Unsinn ist, ein Neugeborenes im strikten Vier-Stunden-Takt zu füttern. Kinderärzte empfehlen statt dessen schon seit vielen Jahren, Babys in den ersten Monaten auf Verlangen zu füttern.

Man kann ein Baby nicht überfüttern – das ist eine Beruhigung. In sehr seltenen Fällen kommt es vor, daß ein Neugeborenes nicht oft genug trinkt. Das würde aber dem Kinderarzt oder der Hebamme bei der Nachsorge auffallen. Das Problem, das sich am häufigsten aus dem Füttern auf Verlangen ergibt, ist, daß man das Baby zu oft füttert und es nie genug trinkt, um für die nächsten Stunden richtig satt zu sein. Das bedeutet natürlich, daß das Baby dann auch nie lange genug schlafen kann. Die innere Uhr kann sich nicht richtig einstellen. Möglicherweise entsteht ein total chaotischer Tag-Nacht-Rhythmus.

In diesem Fall muß das Baby lernen, aus seinen vielen kleinen Snacks weniger häufige, richtige Mahlzeiten zu machen.

Falls Ihr Baby mit vier oder fünf Monaten immer noch einen völlig unvorhersehbaren Tagesablauf hat, füllen Sie am besten ein paar Tage lang das Schlafprotokoll aus, das Sie im Anhang finden. Lesen Sie dann in Kapitel III, wie sich die bestehende Situation ändern läßt

Wenn Sie im voraus wissen, wann Ihr Baby schläft und wach ist, können Sie es sich so einrichten, daß Sie mehr von Ihren kurzen Mußestunden haben

So führen Sie feste Zeiten ein

Bisher sind Sie gewohnt, die Signale Ihres Babys richtig zu deuten und immer möglichst schnell auf seine Bedürfnisse einzugehen. Jetzt ist es an der Zeit, ein bißchen mehr Struktur vorzugeben. Das bedeutet zunächst auch für Sie selbst einen festeren Rahmen. Sie werden vielleicht merken, daß es Selbstdisziplin erfordert, sich daran zu halten.

Eine Struktur vorzugeben, besteht zunächst darin, daß Sie Fixpunkte im Tagesablauf schaffen, die täglich zur selben Uhrzeit stattfinden, sowie die zeitlich festgelegte Mahlzeit am späten Abend. Die größte Aufgabe ist es vorläufig, dafür zu sorgen, daß sich die Zeiten für Essen, Spielen, Baden, Spaziergänge etc. von Tag zu Tag mehr stabilisieren, denn damit werden automatisch auch die Schlafzeiten Ihres Babys regelmäßiger. Sobald Ihr Baby beginnt, sich von drei Tagesschläfchen auf zwei umzustellen, können Sie die schon allmählich dahin legen, wo Sie sie später haben wollen. Der richtige Zeitpunkt für diese Umstellung ist dann gekommen, wenn Ihr Baby tagsüber nicht mehr zur selben Zeit einschläft wie in den Wochen vorher. Ausgehend davon, wann Ihr Baby schlafen soll, sobald es tagsüber nur noch zweimal schläft, legen Sie es jetzt schon sooft wie möglich erst zu diesen Zeiten hin.

DER BESTE RHYTHMUS FÜR IHR BABY ab sechs Monaten orientiert sich an Ihrem Rhythmus: Wann gehen Sie normalerweise schlafen, wann stehen Sie normalerweise auf? Kommt es Ihnen am meisten darauf an, daß Ihr Baby morgens möglichst lange schläft, oder ist es Ihnen wichtiger, daß es abends früh zu Bett geht? Wenn Sie schon größere Kinder haben, wird deren Zeitplan ebenfalls eine Rolle spielen.

Mögliche Zeitpläne

Babys brauchen mit einem halben Jahr innerhalb von 24 Stunden durchschnittlich etwas mehr als vierzehn Stunden Schlaf. Wenn ein Kind tagsüber zwei Schläfchen von insgesamt drei Stunden hält, bleiben etwa elf Stunden Schlaf für die Nacht. Am besten richten Sie den Rhythmus Ihres Babys so ein, daß es zwischen den Schlafphasen jeweils drei bis vier Stunden wach ist. Die längste Wachphase sollte es vor der Nachtruhe haben. Wenn Sie möchten, daß Ihr Baby abends früh zu Bett geht, könnte sein Zeitplan zum Beispiel so aussehen:

- Nachtruhe 19 Uhr bis ca. 6:15 Uhr
- Vormittagsschlaf 9 Uhr bis ca. 10:30 Uhr
- Nachmittagsschlaf 13:30 Uhr bis ca. 15 Uhr

Ist es Ihnen wichtiger, daß Ihr Baby morgens möglichst lange schläft, verschieben Sie alle Zeiten um eine Stunde nach hinten. Neigt Ihr Kind dazu, nachts zwölf Stunden zu schlafen, verkürzen sich seine Tagesschläfchen entsprechend. Achten Sie aber darauf, daß es nachmittags nur bis 15 Uhr schläft, sonst ist es um 19 Uhr abends nicht müde genug, und sein Rhythmus verschiebt sich. Ein guter Zeitplan sähe dann vielleicht so aus:

- Nachtruhe 19 Uhr bis ca. 7 Uhr
- Vormittagsschlaf 10 Uhr bis ca. 10:45 Uhr
- Nachmittagsschlaf 13:45 Uhr bis ca. 15 Uhr

Wenn Ihr Baby zu denen gehört, die insgesamt mehr Schlaf brauchen als der Durchschnitt, dann sollten Sie die ersten Wachphasen des Tages entsprechend verkürzen und es am Vormittag zum Beispiel schon um 9 Uhr oder 9:30 Uhr wieder hinlegen.

Während Ihr Kind sich an feste Zeiten gewöhnt, hilft es, wenn Sie es von den Tagesschläfchen rechtzeitig wecken. Bald wird sich sein Rhythmus so eingespielt haben, daß es von selbst rechtzeitig aufwacht. Sie helfen ihm dabei, wenn Sie dafür sorgen, daß auch seine Mahlzeiten ihren festen Platz im Tagesablauf haben.

Unterbrechungen im festen Rhythmus lassen sich auf Dauer selbstverständlich nicht vermeiden. Je mehr der Tagesablauf sich jedoch eingespielt hat, bevor Sie einmal von ihm abweichen müssen, desto leichter läßt er sich hinterher wieder in die richtigen Bahnen lenken. Deshalb ist es gut, wenn man in den ersten zwei bis drei Wochen Arzttermine, langes Aufbleiben und ähnliches vermeiden kann.

Schwerer fällt es Ihnen vielleicht, daß der Raum für spontane Unternehmungen dadurch so sehr eingeschränkt ist. Spaziergänge, Einkäufe – alles, wobei Ihr Kind einschlafen würde, bevor es sich richtig umgewöhnt hat – können Sie eine Zeitlang nur dann machen, wenn das Baby gerade ausgeschlafen ist. Sonst ist der ganze schöne Rhythmus wieder durcheinander.

Auf der Plus-Seite steht dafür, daß Ihr Baby tagsüber bald zu verläßlichen Zeiten schläft. Viele Babys fangen sogar an, insgesamt mehr zu schlafen, sobald sie einen geregelten Rhythmus haben.

Haben Sie keine Angst, Ihr Kind zu wecken. Sie können sicher sein, daß es sich insgesamt den Schlaf holt, den es braucht

Wenn sich der feste Tagesablauf gut eingespielt hat, also nach etwa drei Wochen, ist es kein Problem mehr, wenn Sie einmal eine Ausnahme machen müssen. Selbst wenn dann zum Beispiel bei einer Wochenendreise alles durcheinander gerät, macht das nichts. Ihr Baby wird sich danach innerhalb von wenigen Tagen wieder in seinen gewohnten Rhythmus bringen lassen. Dasselbe gilt, wenn es vom Baby her zu Unterbrechungen im Rhythmus kommt, zum Beispiel bei einer Krankheit oder während des Zahnens.

Es ist wichtig, daß das größere Kind das kleinere nicht vom Schlafen abhält

Bei einem größeren Geschwisterchen, das nur noch einen Mittagsschlaf hält, ist es am besten, wenn dieser zur gleichen Zeit endet wie der Nachmittagsschlaf des Babys. Denn dann können Sie endlich etwas unternehmen. Sollte Ihr Größeres aber schon in einem Alter sein, wo es tagsüber nicht mehr schläft, sollten Sie es so machen wie viele Mütter und eine Ruhestunde zu der Zeit einführen, wo Ihr Kleines schläft.

Etwa vom neunten Monat an entwickeln Babys nämlich die Fähigkeit, sich gegen das Schlafen zu wehren. Sie schlafen dann nicht mehr unbedingt sofort ein, wenn sie müde sind, sondern können das beträchtlich hinauszögern und sind irgendwann völlig übermüdet und schwer zu haben.

Führen Sie deshalb rechtzeitig ein paar wirkungsvolle Regeln ein:

- Kein Kinderbesuch vor drei Uhr nachmittags.
- Hängen Sie ein Schild »Bitte nicht läuten, Baby schläft« an die Tür.
- Schalten Sie den Anrufbeantworter ein, damit das Telefon nicht klingelt.

Wenn Sie sich die Zeit mit gemeinsamen, ruhigen Beschäftigungen vertreiben, wird Ihr größeres Kind sich bald auf diese tägliche Stunde freuen.

Wie der feste Rhythmus sich allmählich verändert

Mit jedem Monat, den das Baby älter wird, andert sich sein Schlafbedürfnis ein wenig. Schauen Sie sich dazu die Tabelle auf Seite 21 an: Mit neun Monaten schlafen Babys fast noch genauso viel wie mit sechs Monaten, aber ihr Vormittagsschlaf hat sich zugunsten der Nachtruhe verkürzt. Der Vormittagsschlaf verändert sich in den nächsten Monaten kaum, aber bei Einjährigen ist nun auch der Nachmittagsschlaf kürzer, während die Nachtruhe noch ein wenig länger geworden ist. Das durchschnittliche Schlafbedürfnis ist mit einem Jahr eine halbe Stunde kürzer als mit sechs Monaten. Der Rhythmus Ihres Babys wird sich fließend den veränderten Bedürfnissen anpassen.

Mit neun Monaten könnte der Schlafplan Ihres Kindes vielleicht so aussehen:

- Nachtruhe: 19:30 Uhr bis 7:15 Uhr
- Vormittagsschlaf: 10 Uhr bis 10:45 Uhr
- Nachmittagsschlaf: 13:30 Uhr bis 15 Uhr

Bei Ihrem Einjährigen könnte er beispielsweise so aussehen:

- Nachtruhe: 19:30 Uhr bis 7:30 Uhr
- Vormittagsschlaf: 10 Uhr bis 10:45 Uhr
- Nachmittagsschlaf: 14 Uhr bis 15 Uhr

Wenn Ihr Kind sich auf nur einen Mittagsschlaf umstellt, merken Sie das daran, daß es am Vormittag nicht mehr richtig müde wird. Es will dann länger spielen, statt zu schlafen. Das ist normalerweise irgendwann zwischen einem und eineinhalb Jahren der Fall. Mütter, die schon ein größeres Kind haben, warten ungeduldig auf diese Entwicklung, weil ihr Tag einfacher wird, wenn beide Kinder nur noch einmal schlafen. In dieser Situation kann man ruhig schon mit neun oder zehn Monaten versuchen, das Baby auf nur einen Mittagsschlaf umzustellen.

- Legen Sie Ihr Kind vormittags ein bis zwei Stunden später hin, und lassen Sie es ausschlafen. Der Nachmittagsschlaf fällt dafür einfach aus. Dabei brauchen Sie nicht absolut strikt zu sein. Vielleicht mag Ihr Kind anfangs noch zwischen einem und zwei Tagesschläfchen abwechseln.
- Mit der Zeit kann sich der Mittagsschlaf mehr in den Nachmittag hinein verlegen, je nachdem, wie es am besten zu den Bedürfnissen Ihrer Familie paßt. Je älter Ihr Kind wird, desto leichter kann es sich diesbezüglich umgewöhnen.
- Viele Eltern arrangieren den Tagesablauf ihrer Kinder so, daß sie abends erst um 20 Uhr oder 20:30 Uhr einschlafen, je nachdem wann der Vater oder beide Eltern von der Arbeit nach Hause kommen. Die Zeit zwischen 18 und 20 Uhr kann Prime-time für die Familie sein. In diesem Fall braucht man nur dafür zu sorgen, daß das Kind sich daran gewöhnt, seinen Mittagsschlaf entsprechend später zu halten. Wahrscheinlich ist er dann auch etwas länger und die Nachtruhe ein wenig kürzer als sonst.

Zwischen dem Ende des Mittagsschlafs und dem Schlafengehen am Abend sollte Ihr Kind vier bis fünf Stunden wach sein

- Irgendwann wird Ihr Kind damit aufhören, einen Mittagsschlaf zu halten. Meistens ist es irgendwann im dritten oder vierten Lebensjahr soweit. Wenn Ihr Dreijähriges abends nicht mehr zu einer vernünftigen Zeit ins Bett will und selten vor 21 Uhr einschläft, ist das ein Zeichen dafür, daß es keinen Mittagsschlaf mehr braucht. Wäre es Ihnen lieber, wenn es abends eine Stunde früher schlafen ginge, dann brauchen Sie jetzt nur den Mittagsschlaf ausfallen zu lassen und Ihr Kind abends eine Stunde früher ins Bett zu bringen. Vielleicht mag es sich zunächst statt dem gewohnten Nickerchen mit Ihnen auf das Sofa legen, um ein Buch anzuschauen oder es legt alleine eine Ruhestunde ein, in der es zum Beispiel eine Kassette anhört.

III. Schlafprobleme lösen

... wenn Ihr Kind zu falschen Zeiten schläft,
... wenn falsche Einschlafgewohnheiten Ihr Kind am Durchschlafen hindern

Viele Eltern verbringen jeden Abend mit ihrem neun Monate alten Baby im Wohnzimmer, weil das Kind nach einem kurzen Schläfchen von 19 bis 21 Uhr regelmäßig bis kurz vor Mitternacht putzmunter ist

Die innere Uhr Ihres Kindes kann sich mit etwas Hilfe innerhalb kürzester Zeit umstellen

Wenn Ihr Kind zu falschen Zeiten schläft

Dies ist ein sehr verbreitetes Problem und meist darauf zurückzuführen, daß das Baby nach Verlangen gestillt und schlafen gelegt wird. Viele Eltern wissen nicht, daß dies nur für die ersten drei bis vier Monate das Vernünftigste ist. Danach ist es Zeit für festere Zeiten.

In diesem Kapitel lesen Sie, wie man dem Baby dann helfen kann, einen Rhythmus zu entwickeln, der zum Tagesablauf der übrigen Familienmitglieder paßt. Bis jetzt hat der Rhythmus Ihres Kindes vielleicht eine übermäßige Anpassung von Ihnen gefordert.

Manche Eltern tragen ihr Baby jeden Abend mehr als zwei Stunden lang in der Wohnung herum, um es zum Einschlafen zu bringen. Aber das Kind ist einfach nicht müde. Alles was es dabei gewinnt, sind falsche Einschlafgewohnheiten. Wenn ein Kind diese schon hat, ist es manchmal nicht genug, sie ihm abzugewöhnen, wenn man nicht auch seine innere Uhr in den richtigen Tag-Nacht-Rhythmus bringt.

KINDER MIT EINEM FALSCHEN RHYTHMUS schlafen oft tagsüber viel und legen dafür spätabends, nachts oder frühmorgens längere Spielstunden ein. Im Extremfall kann es dabei sogar zu einer Art Tag-Nacht-Umkehrung kommen. In den meisten Fällen beklagen sich die Eltern darüber, daß ihr Kind abends viel zu lange wach ist oder morgens viel zu früh aufwacht. Ein Kind, dem es an jeder Regelmäßigkeit mangelt, schläft oft auch insgesamt weniger als der Altersdurchschnitt. Das ist natürlich keine gute Voraussetzung für seine optimale körperliche Entwicklung.

Ein Trost: So beschwerlich diese Art von Schlafstörung für die Eltern ist, so einfach läßt sie sich beseitigen. Die Eltern fragen sich hinterher oft erstaunt, wieso sie das Problem so lange in Kauf genommen haben.

Verschieben von Schlafzeiten

Es liegt an unseren biologischen Rhythmen, daß wir unsere Schlafenszeiten nicht willkürlich und prompt verändern können. Selbst wenn sein Rhythmus chaotisch erscheint, ist auch der Körper Ihres Kindes

auf ganz bestimmte Schlaf- und Wachphasen eingestellt. Diese Rhythmen sind verantwortlich dafür, daß es um eine bestimmte Zeit einschläft beziehungsweise von selbst aufwacht. Zu anderen Zeiten hingegen – zum Beispiel wenn Sie meinen, daß es jetzt schlafen soll – ist es einfach nicht in der Lage zu schlafen. Das hat nichts damit zu tun, daß das Kind nicht schlafen will, sondern es kann tatsächlich nicht.

Ausführlich ist das Phänomen innere Uhr in Kapitel I erläutert

Ein Kind nur immer wieder um eine bestimmte Uhrzeit ins Bett zu bringen hilft ihm leider nicht viel, egal ob die Eltern dabei streng sind oder versuchen, ihm beim Einschlafen zu helfen. Das Kind kann nicht schlafen, solange seine innere Uhr auf eine Wachphase eingestellt ist. Wenn man dies ändern will, muß man nicht nur die Bettgehzeit einhalten, sondern man muß vor allem dafür sorgen, daß das Kind zu einer bestimmten Zeit aufwacht, am Morgen ebenso wie tagsüber. Normalerweise müssen auch die Essenszeiten verändert werden. Veränderungen im Tagesablauf lassen sich am leichtesten bewerkstelligen, wenn man alle Zeiten nach einem fließenden Schema allmählich verschiebt. Zum Beispiel jeden Tag um zehn Minuten oder jeden zweiten Tag um 15 Minuten, solange bis der gewünschte Rhythmus erreicht ist.

Wenn Ihr Kind immer erst spät einschläft

Beginnen Sie bei dem Rhythmus, den Ihr Kind jetzt hat. Das heißt: Es darf jetzt vorerst einmal ruhig bis zu der Zeit aufbleiben, zu der es bisher tatsächlich immer eingeschlafen ist. Machen Sie Schluß mit allen Anstrengungen, es früher ins Bett zu bringen.

Geht Ihr Kind schon in den Kindergarten oder in die Schule und muß an den Wochentagen sowieso morgens früh raus, dann gilt die frühere Weckzeit für das Wochenende

Der Vorteil: Ihr Kind wird zur Bettgehzeit müde sein und nicht mehr versuchen, »Zeit zu schinden«. Es wird auch nicht mehr stundenlang wach im Bett liegen und dabei Angst vor Monstern entwickeln. Statt dessen wird es endlich leicht und schnell einschlafen, kurz nachdem es zu Bett gegangen ist.

Die Veränderungen beginnen mit einer früheren Weckzeit am Morgen. Ausgehend von der Zeit, zu der es normalerweise aufwacht, wecken Sie es nun jeden Tag 10 Minuten früher. (Oder Sie verschieben die Zeit jeden zweiten Tag um 15 Minuten.) Hat Ihr Kind bisher also bis 10 Uhr morgens geschlafen, wird es am ersten Tag um 9 Uhr 50 geweckt, am zweiten Tag um 9 Uhr 40 usw.

Nachdem das Aufstehen eine Stunde früher stattfindet, verschiebt sich erstmals auch die Bettgehzeit am Abend. Hier gilt dasselbe Schema. Ging das Kind bisher um 22 Uhr zu Bett, soll es das jetzt also um 21 Uhr 50 tun, am Tag darauf um 21 Uhr 40 usw.

Sobald Ihr Kind am Morgen von selbst rechtzeitig aufwacht – und zwar auch am Wochenende – können Sie sicher sein, daß sich seine innere Uhr umgestellt hat

Hält Ihr Kind bisher noch einen Mittagsschlaf müssen Sie aufpassen, daß es diesen nicht verlängert. Wecken Sie es ruhig zur gewohnten Zeit vom Mittagsschlaf auf. Auch wenn Ihr Kind schon aus dem Mittagsschlaf-Alter heraus ist, würde es vielleicht jetzt gerne wieder einen halten. Das soll es aber auf keinen Fall. Ihr Kind wird tagsüber wahrscheinlich schläfrig sein, weil Sie es morgens früher geweckt haben. Lassen Sie es auf keinen Fall tagsüber den versäumten Schlaf nachholen. Es soll ja abends richtig müde sein, um vor seiner früheren Einschlafzeit einschlafen zu können.

Fand der Mittagsschlaf bisher eher spät am Tag statt, müssen Sie ihn ebenfalls dem Schema entsprechend nach vorne verschieben. Bei kleinen Kindern gilt dasselbe für die Essenszeiten. Alles verschiebt sich jeden Tag um 10 Minuten nach vorne.

Die Aufwachzeit am Morgen verändert sich bei Frühaufstehern oft erst eine ganze Weile nach allen anderen Zeiten. Es dauert also etwas länger als bei Nachteulen, bis die Umstellung geschafft ist

Ist Ihr Kind ein Frühaufsteher?
Wenn Ihr Kind morgens länger schlafen soll, bedeutet dies vor allem, daß es abends erst später zu Bett gehen wird. Hier beginnen Sie damit, die Bettgehzeit Ihres Kindes täglich um 10 Minuten nach hinten zu verlegen.

Ist Ihr Kind es gewohnt, sich schon ein paar Stunden nach seinem frühen Aufwachen wieder hinzulegen? Dann müssen Sie dieses Schläfchen verschieben und dafür sorgen, daß es erst später genug Ruhe dafür hat. Oder ist es vielleicht schon in einem Alter, wo es nur noch einen Mittagsschlaf braucht? Dann können Sie dieses frühe Nickerchen vielleicht schon bis zum späten Vormittag hinauszögern. Sobald Ihr Kind es geschafft hat, das Schläfchen am frühen Vormittag aufzugeben, wird es statt dessen wahrscheinlich die Nacht verlängern.

Ist Ihr Kind morgens um 5 Uhr seine erste Mahlzeit gewohnt? Dann wacht es auf, weil es sich angewöhnt hat, jeden Tag so früh Hunger zu haben. Das muß aber nicht sein. Sie können diese Mahlzeit Tag für Tag etwas länger hinauszögern. Verschieben Sie auch alle anderen Essenszeiten entsprechend, wenn dies sinnvoll ist.

Sie können Ihr Kind nicht dazu zwingen, zur richtigen Zeit einzuschlafen – aber Sie können es aufwecken, wenn es zur falschen Zeit schläft

Ungünstige Einschlafgewohnheiten

Es ist ganz normal, daß ein Kind gelegentlich einmal aufwacht und die Zuwendung der Eltern braucht. Es kann auch sein, daß Ihr Kind gerade eine Phase durchmacht, in der dies vorübergehend öfter vorkommt. Ungünstige Schlafgewohnheiten sind allerdings kein Schicksal, auch wenn sie heute sehr verbreitet sind.

Wenn Ihr Kind nachts regelmäßig weinend aufwacht, aber mit Ihrer Hilfe schnell wieder einschläft, dann können Sie davon ausgehen, daß Ihre Hilfe in Wirklichkeit die Ursache seiner Schlafstörungen ist – vorausgesetzt natürlich, Ihr Baby ist gesund und älter als ein halbes Jahr. Irgendwann in der Vergangenheit war diese Hilfe notwendig und richtig für Ihr Kind. Mittlerweile ist aber eine ungünstige Gewohnheit daraus geworden, die Ihr Kind, Sie und vielleicht auch Ihren Partner vom Durchschlafen abhält.

Erfahrungsgemäß ist es nicht schwer, die Gründe für die Schlafstörungen eines Kindes herauszufinden und ihm zu helfen, sich umzugewöhnen

Solche Probleme lösen sich mit der Zeit zwar von selbst, aber das dauert in der Regel mehrere Jahre. Andererseits kann ein Kind innerhalb von ein bis zwei Wochen oder vielleicht schon nach ein paar Tagen richtig schlafen, wenn man die Probleme aktiv angeht.

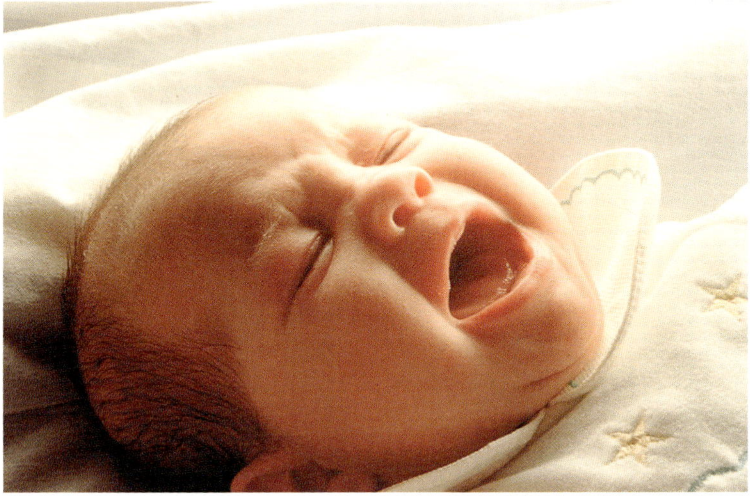

Sie werden sich an dieser Stelle vielleicht fragen, ob es wirklich der Mühe wert ist. Und das ist eine gute Frage. Die meisten Eltern müssen erst den Punkt erreichen, an dem die Schlafstörungen ein größeres Problem darstellen, als der Aufwand, den es kostet, das Kind umzugewöhnen. Und je früher die Eltern eingreifen, desto kürzer und direkter ist der Weg zum Erfolg für das Kind.

Gewohnheiten aufzugeben oder zu ändern, fällt uns allen schwer. Bei einem Kind, das noch nicht versteht, daß etwas zu seinem Besten geschieht, ist es natürlich, daß es zuerst aus Leibeskräften protestiert.

Wiederholte erfolglose Versuche machen diese Methode immer aussichtsloser

Schreien lassen allein führt nicht zum gewünschten Erfolg. Wirken kann diese Methode nur, wenn Ihr Kind so lange schreit, bis es einschläft. Das kann allerdings sehr lange dauern, und die ganze Zeit liegt Ihr Kind allein in seinem Zimmer. Je kleiner es ist, desto weniger versteht es, was los ist. Es hat ja bisher immer die Erfahrung gemacht, daß auf sein Schreien hin die Eltern kommen. Bleibt es nun plötzlich sich selbst überlassen, obwohl es schreit, wird es sich bestimmt verlassen fühlen. Wahrscheinlich löst das schlimmste Ängste in ihm aus. Das sollten Eltern nicht riskieren.

Es sind die Einschlafgewohnheiten, die sich ändern müssen. Selbst wenn Ihr Kind sehr lange geschrien hat und sich am Ende nichts ändert, weil Sie – verständlicherweise – nach schier endloser Zeit doch zu ihm gehen und ihm doch die Einschlafhilfe geben, die

Sie ihm eigentlich abgewöhnen wollten, war das ganze Schreien umsonst.

Wenn Ihr Kind die Erfahrung macht, daß Sie irgendwann doch zu ihm kommen, wird es daraus nur lernen, daß es Erfolg hat, wenn es nur lange genug schreit. Also wird es nächstes Mal noch länger schreien.

Die Ferber-Methode

Die Methode zur Umgewöhnung Ihres Kindes, die Sie hier beschrieben finden, ist bei amerikanischen Müttern weitverbreitet. Sie wurde in der Hauptsache von Dr. Richard Ferber in seinem Kinder-Schlafzentrum in Boston, Massachussetts, entwickelt. Sein Buch wird häufig zusammen mit gebrauchten Stramplern und anderen »hand-me-downs« von Mutter zu Mutter weitergereicht. Wenn ich befreundete Mütter in Kanada darauf anspreche, höre ich meistens etwas wie: »Oh ja, ich habe meine Kinder im Laufe der Jahre mehrmals ›ferberisiert‹. Du weißt schon, wenn nach einer Krankheit oder Reise alles durcheinandergekommen war, dann mußten wir das manchmal wiederholen. Das ging immer ganz schnell. So gab es eigentlich nie Probleme, dank dieser großartigen Methode.«

Die Ferber-Methode verlangt nicht, ein Kind unbegrenzt lange und unbeachtet schreien zu lassen!

Die Ferber-Methode ist relativ einfach durchführbar. Sie verlangt von Eltern nicht, ihr Kind unbeachtet schreien zu lassen. Deshalb kann man sie in der Regel konsequent durchhalten. Zwar geht es auch hier selten ohne Geschrei ab, aber die Eltern gehen in regelmäßigen kurzen Abständen zu ihrem Kind, um ihm immer wieder zu versichern, daß es nicht alleine und verlassen ist. Das Kind bekommt also Zuwendung, es erleidet kein Trauma. Auf sein Protestgeschrei wird mit Verständnis und Toleranz reagiert. Aber es erreicht damit nicht das, was es will – seine ungünstigen Gewohnheiten werden nicht fortgesetzt. Deshalb dauert es meist nur ein paar Tage, bis die »Behandlung« abgeschlossen ist und das Kind friedlich durchschläft.

Bevor Sie beginnen:

- Gewöhnen Sie sich und Ihr Kind zunächst an einen festen Rhythmus, fall dies noch nicht geschehen ist. Nur so wird Ihr Kind zur Bettgehzeit wirklich müde sein. Wenn es richtig müde ist, fällt es ihm leichter, ohne die gewohnten »Hilfen« einzuschlafen.
- Ein gleichbleibendes Zubettgeh-Ritual ist ebenfalls wichtig für Ihr Kind. Gewohnte, vorhersehbare Abläufe helfen ihm, sich innerlich auf den Schlaf einzustellen. Wie sich die Stunde vor dem Einschla-

fen harmonisch gestalten läßt, ist im dritten Kapitel beschrieben. Das gewählte Ritual sollte dem Kind schon sehr vertraut und lieb geworden sein – es bildet eine feste Basis von bleibenden Gewohnheiten, während man es von den falschen Einschlafhilfen entwöhnt.

- Hat Ihr Kind schon eine Schmusedecke oder ein Kuscheltier? Viele Babys wählen sich von selbst irgendwann ein solches »Übergangsobjekt«, das sie auf dem Weg in die Selbstständigkeit begleitet. Aber manchmal muß man ein Kleinkind erst auf die Idee bringen. Es ist eine große Hilfe beim Alleine-einschlafen-lernen.

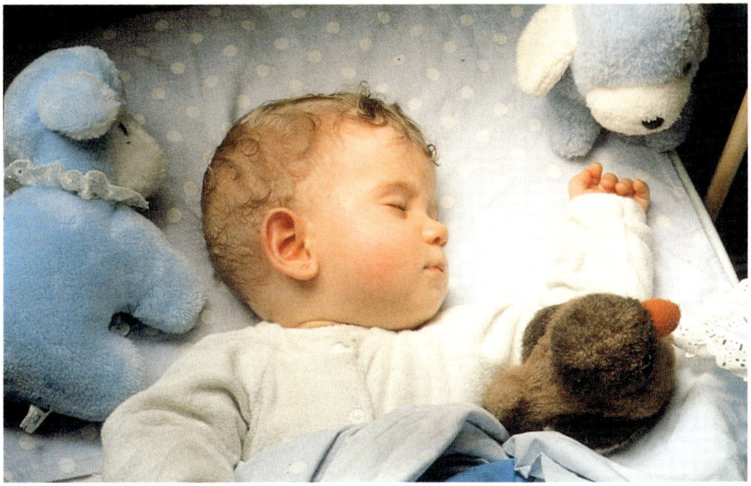

Ein Schmusekissen oder ein Babyfell sind gute „Übergangsobjekte", die beim alleine Einschlafen sehr hilfreich sein können

- Wenn Sie Ihr Kind eigentlich auch aus dem elterlichen Schlafzimmer ausquartieren möchten, wäre jetzt ein guter Zeitpunkt, um den »Umzug« ins Kinderzimmer vorzunehmen. Mit dem Wechsel der Umgebung fällt es vielen Kindern leichter, alte Gewohnheiten aufzugeben. Sie können dann leichter die Verbindung herstellen, daß ihnen diese Gewohnheiten jetzt nicht mehr »passen« – so wie das zu klein gewordene Babybett.

So funktioniert der neue Einschlafplan

- Legen Sie den Tag fest, von dem ab Ihr Kind seine gewohnten »Hilfen« zum Einschlafen nicht mehr bekommt. Stillen, Fläschchen oder auf dem Arm herumgetragen werden – wenn es bisher gewohnt war, dabei einzuschlafen, bekommt es das alles nun ein bißchen früher, so daß es nicht dabei einschläft.

- Am ersten Tag können Sie Ihrem Kind beim Zubettgehen erklären, was sich jetzt ändert, weil es groß genug ist, alleine einzuschlafen. Selbst wenn Ihr Kind erst ein Jahr alt ist und Ihre Worte nicht versteht, kriegt es auf einer bestimmten Ebene mit, um was es geht. Es versteht, daß Sie genau wissen, was Sie tun, daß es hier keinen »Verhandlungsspielraum« gibt, und es spürt Ihre Liebe und Fürsorge.
- Zum Einschlafen legen Sie es in sein Bettchen, während es noch wach ist. Dort wartet schon sein Schmusetier oder sein »Einschlaftuch«. Nach einer letzten kleinen Gute-Nacht-Zeremonie – schön zudecken, noch einmal kurz streicheln und Gute-Nacht-Kuß geben – bei der auch das Schmusetier miteinbezogen werden kann, verlassen Sie das Zimmer.
- Sowie Sie das Zimmer verlassen, fängt Ihr Kind wahrscheinlich an, laut zu weinen. Wenn es schon größer ist, steht es vielleicht in seinem Bettchen auf und schreit Zeter und Mordio. Das ist kein Wunder, denn es ist nicht daran gewöhnt, wach in seinem Bettchen allein zu sein. – Und es will erreichen, daß Sie das tun, was es gewohnt ist. Das tun Sie aber nicht mehr. Statt dessen gehen Sie nur alle paar Minuten ganz kurz zu ihm.
- Wieviele Minuten Sie jedesmal abwarten, bevor Sie zu Ihrem Kind hineingehen, haben Sie schon vorher entschieden. Jetzt halten Sie sich mit der Uhr in der Hand genau an Ihre festgelegte Wartezeit. Rein »nach Gefühl« käme Ihnen sonst zuerst eine Minute vielleicht schon wie eine Ewigkeit vor.

Die Tür kann einen Spalt offen bleiben und im Zimmer kann ein Nachtlicht brennen, wenn Ihr Kind das gewöhnt ist

Beispiel für ein Wartezeit-Schema:

	1. Mal	2. Mal	alle weiteren Male
1. Tag	3 Minuten	5 Minuten	7 Minuten
2. Tag	5 Minuten	7 Minuten	9 Minuten
3. Tag	7 Minuten	9 Minuten	11 Minuten
4. Tag	9 Minuten	11 Minuten	13 Minuten
5. Tag	13 Minuten	15 Minuten	15 Minuten
ab 6. Tag	15 Minuten	15 Minuten	15 Minuten

- Solange Ihr Kind weint, gehen Sie immer wieder nach Ablauf der Wartezeit zu ihm. Nehmen Sie es aber auf keinen Fall aus dem Bett. Sagen Sie ihm in einem ruhigen Ton etwas Liebes, in dem Sinne von: »Du bist jetzt traurig/wütend, aber es ist alles in Ordnung. Ich passe gut auf Dich auf, denn ich habe Dich sehr lieb. Jetzt ist Schlafenszeit

Ihr Ziel ist es, verständnisvoll und tolerant zu sein und sich gleichzeitig durch nichts beeinflussen zu lassen. Das erspart Ihrem Kind unnötige Verwirrung

bis morgen früh. Schau, Dein Teddy will schlafen.« Sie können es dabei ein wenig streicheln, es wieder hinlegen und zudecken, wenn es aufgestanden war, dies allerdings nur einmal und nicht mit Gewalt.

- Ganz unabhängig davon, wie Ihr Kind reagiert: Sie bleiben nie länger als zwei Minuten in seinem Zimmer. Denken Sie daran, Sie gehen nicht hinein, um Ihr Kind zu beruhigen oder ihm beim Einschlafen zu helfen. Sie wollen ihm ja gerade die Gelegenheit geben, zu lernen, dies von allein zu tun. Sie gehen nur hinein, um Ihrem Kind zu zeigen, daß es nicht von aller Welt verlassen ist, und auch um selbst zu sehen, daß alles in Ordnung ist.
- Manche Kinder werden ruhiger, andere werden aber auch wütender, während die Mutter oder der Vater bei ihnen ist. Nach den Regeln der Verhaltenstherapie (darauf beruht diese Methode) ist es richtig, um so kürzer zu bleiben, je mehr das Kind sich aufregt. Bleiben Sie aber umgekehrt nicht länger, wenn es sich beruhigt. Es soll ja nicht einschlafen, während Sie im Zimmer sind.
- Verlängern Sie die Wartezeit zwischen Ihren kurzen Besuchen genau nach Ihrem Schema. Mit einer Ausnahme: Wenn Sie den Eindruck haben, daß Ihr Kind gerade anfängt, ruhiger zu werden, ist es vielleicht besser, noch ein bißchen länger zu warten, auch wenn die Wartezeit schon abgelaufen ist. Wenn Sie meinen, daß Ihr kurzes Hineingehen Ihr Kind im Moment dabei stören könnte, sich zu beruhigen und einzuschlafen, sollten Sie abwarten. Sie können jederzeit entscheiden, wieder hineinzugehen. Wiederholen Sie Ihre regelmäßigen kurzen Besuche, bis Ihr Kind schließlich eingeschlafen ist.

Was Ihr Baby dabei lernt

Durch Ihr Verhalten sorgen Sie dafür, daß Ihr Kind wiederholt ganz bestimmte Erfahrungen macht:

»Meine Eltern haben mich lieb, aber sie tun, was sie für richtig halten.«

»Wenn ich länger schreie, bleiben sie trotzdem nicht länger bei mir.«

»Der ganze Kraftaufwand bringt mir überhaupt nicht das, was ich will – er lohnt sich nicht.«

Ihr Kind erfährt, daß sich sein Protest nicht lohnt, weil seine Eltern es offensichtlich besser wissen. Und Ihr Kind ist müde. Bald wird sein Schlafbedürfnis stärker sein als seine Enttäuschung darüber, daß es zum Einschlafen nicht bekommt, was es gewohnt ist. Jetzt macht es eine weitere, wichtige Erfahrung: Es schläft alleine in seinem Bettchen ein.

Durch Erfahrung lernen Kinder wie Erwachsene am schnellsten

Innerhalb kurzer Zeit wird diese neue Erfahrung die alte Einschlafgewohnheit ablösen. Es gewöhnt sich an das neue Einschlafgefühl. Dann braucht Ihr Kind nachts aus dem Halbwachzustand nicht mehr aufzuschrecken – seine Sinne melden nicht mehr Alarm, sie melden jetzt, daß alles so ist, wie es beim Einschlafen war. Es kann in Ruhe weiterschlafen.

So geht es weiter:

- Bei jedem Aufwachen in der Nacht halten Sie sich an das gleiche Wartezeit-Schema wie am Abend. Gehen Sie also zuerst nach genau drei Minuten zu Ihrem Kind, dann steigern Sie die Wartezeit auf fünf Minuten und dann auf sieben Minuten, so wie Sie es am Abend getan haben, bis Ihr Kind wieder eingeschlafen ist. Beim nächsten Aufwachen fangen Sie wieder mit drei Minuten an, steigern auf fünf, dann sieben Minuten usw.

Dehnen Sie weder den Nacht- noch den Mittagsschlaf aus, auch wenn Ihr Kind nicht oder nur wenig geschlafen hat

Ihr Kind wird sich auch umgewöhnen, wenn Sie es nur abends und nachts dazu anleiten. Es dauert dann vielleicht ein bißchen länger, aber es klappt genauso gut

Zur normalen Aufstehzeit ist die Nacht vorbei – falls Ihr Kind dann gerade wach ist, können Sie aufhören, regelmäßig hineinzugehen, und statt dessen jetzt mit ihm aufstehen. Wenn es erst kurz davor eingeschlafen ist, sollten Sie es trotzdem bald darauf wecken. Weichen Sie nicht mehr als eine halbe Stunde von Ihrem normalen Tagesablauf ab, damit er nicht durcheinander kommt.

- Auch bei den Tagesschläfchen halten Sie dieselben Wartezeiten ein wie in der Nacht. Sie sollten den Mittagsschlaf Ihres Kindes aber nicht länger ausdehnen als normal, auch wenn es dabei überhaupt nicht geschlafen hat. Auch wenn es nur ganz kurz schläft und dann weinend aufwacht, ist das Schläfchen für dieses Mal vorbei. Wenn Ihr Kind zu seinen normalen Zeiten nicht schläft, döst es vielleicht beim Spielen ein. Das ist kein Problem, denn es ist zumindest von ganz alleine eingeschlafen. Decken Sie es zu, und lassen Sie es ein halbes Stündchen schlafen – nicht länger, damit der feste Rhythmus nicht durcheinander kommt. Versäumten Schlaf sollte Ihr Kind jetzt möglichst nur in der Nacht nachholen.
- Am zweiten Abend verlängern Sie die Wartezeiten entsprechend Ihrem Schema. Unserem Beispiel nach warten Sie zuerst fünf Minuten, dann sieben und danach jedes Mal neun Minuten, bevor Sie zu Ihrem Kind gehen. Dieselben Zeiten gelten immer auch für das Aufwachen in der Nacht und für die Tagesschläfchen.

Wenn jemand anders Ihr Kind betreut

- Optimalerweise beginnen Sie mit dem Programm, wenn Sie voraussehen können, daß Sie an den kommenden Abenden keinen Babysitter brauchen werden. Andererseits ist nicht alles verloren, wenn dann auf einmal doch ein Babysitter kommen muß. Sie können natürlich kaum verlangen, daß der Babysitter mit Ihrem Programm fortfährt. Unterbrechen Sie es einfach für diesen Abend. Einmal ist keinmal. Ihr Kind wird von Ihnen nicht dasselbe erwarten wie vom Babysitter. Sobald Ihr Kind die neuen Einschlafbedingungen angenommen hat, sollte sich dann aber auch der Babysitter daran halten.
- Wenn Ihr Kind tagsüber nicht bei Ihnen ist, kommt es auf die Betreuungs-Situation an, ob das Einschlafprogramm auch bei seinen Tagesschläfchen eingehalten werden kann oder nicht. Ist Ihr Kind bei einer Tagesmutter, die es schon gut kennt und sich ihm entsprechend widmen kann, können Sie vielleicht mit ihr vereinbaren, daß sie sich an Ihren Plan hält. Ist Ihr Kind tagsüber in einer Gruppe, wo Sie das nicht erwarten können oder es für Ihr Kind nicht gut fänden, dann verzichten Sie eben darauf.

Wählen Sie den günstigsten Zeitpunkt

Sie können sich darauf einstellen, daß Sie selbst in den ersten zwei, drei Nächten mit diesem neuen Einschlafplan wenig Schlaf bekommen. Wie Ihr Kind reagieren wird, hängt natürlich sehr von seinem Temperament und Alter ab. Ab etwa eineinhalb Jahren kommt die Selbstbehauptung immer mehr ins Spiel, während sich zugleich das Trotzalter nähert. In dieser berüchtigten Phase, die bis ins vierte Lebensjahr dauert, sind Kinder von der Entwicklung her so programmiert, daß sie ihren Eltern besonders gern Widerstand leisten, um deren Grenzen zu testen und herauszufordern.

Mit wieviel Energie Ihr Kind sich also gegen Ihren Einschlafplan wehren wird, ist individuell ganz verschieden. Manche Kinder schlafen in den ersten beiden Nächten schon nach einer Viertelstunde ein, andere weinen vor dem Einschlafen eine Stunde oder länger.

Wenn Sie es schaffen, sich von Anfang an tagsüber und nachts konsequent nach dem Einschlafplan zu richten, wird sich das Schlafproblem mit Sicherheit vom dritten Tag ab entschieden gebessert, vielleicht sogar schon ganz gelöst haben. In seltenen Fällen dauert es länger als eine Woche, aber noch nie hat es mehr als zwei Wochen gedauert, bis ein Kind mit diesem Plan gelernt hat, alleine einzuschlafen.

Nach drei Tagen können Sie mit einer entscheidenden Verbesserung oder gar Lösung des Einschlafproblems rechnen

Es kann Ihnen Nerven sparen und den schnellen Erfolg sichern, wenn Sie einen günstigen Zeitpunkt wählen. Rechnen Sie besser von vorneherein damit, daß die ersten drei Tage und Nächte anstrengend sein werden.

- Wenn Sie an einem Freitag beginnen, können Sie am Wochenende abwechselnd ausschlafen.
- Wählen Sie ein Wochenende, an dem absolut nichts anderes bevorsteht – kein Besuch, keine Einladung. Und möglichst auch kein wichtiger Termin am Montag.
- Gehen Sie davon aus, daß es ein bis zwei Wochen dauert, bis Ihr Kind sich richtig umgewöhnt hat. Idealerweise hat es danach weitere vier Wochen Zeit, das neue Einschlafgefühl zu stabilisieren, bevor Sie beispielsweise in Urlaub fahren.
- Informieren Sie gegebenenfalls Ihre Wohnungsnachbarn oder warten Sie deren Urlaubsreise ab.
- Für größere Geschwister ist das Programm in der Regel weniger problematisch, als man denkt. Wenn sie Schlaf durch die nächtlichen Aktivitäten versäumen, holen sie ihn mühelos später nach.

Es ist wichtig, daß beide Eltern bei der Durchführung der Ferber-Methode an einem Strang ziehen

Der ganz individuelle Einschlafplan

Die Ferber-Methode beruht darauf, daß Ihr Kind durch Ihr Verhalten Erfahrungen macht, die ihm helfen, etwas Neues zu lernen und sich daran zu gewöhnen. Was Ihrem Kind also am meisten hilft, ist Ihre Beständigkeit. Sie müssen voll dahinterstehen können.

Gerade Kinder mit einem leichterregbaren Temperament, die sehr wütend auf die Entschlossenheit und Unbeugsamkeit ihrer Eltern reagieren, werden von jedem kurzen Kontakt immer wieder aufs neue aufgeregt und angestachelt

VARIATIONSMÖGLICHKEITEN

- Erscheinen Ihnen die Wartezeiten in unserem Beispiel zu lang, können Sie alle Zeiten um bis zu zwei Minuten verkürzen. Sie können außerdem die maximale Wartezeit auf fünf Minuten begrenzen. Selbst damit wird Ihr Kind lernen, von alleine einzuschlafen, auch wenn es vielleicht etwas länger dauert.
- Die Wartezeiten können durchaus auch länger sein. Viele Therapeuten, so auch Dr. Ferber, empfehlen Eltern eher längere Zeiten. Die sind für die Eltern oft schwerer, für viele Kinder aber leichter durchzuhalten. Der Vorteil für das Kind ist, daß ihm jedesmal mehr Zeit gegeben wird, sich zu beruhigen.

In den Einzelheiten können Sie die Ferber-Methode ruhig so abändern, wie es Ihnen am ehesten entspricht. Vielleicht erscheinen Ihnen die Wartezeiten zu kurz oder zu lang. Oder Sie möchten zuerst sehen, wo Sie hinkommen, wenn Sie weniger »radikal« vorgehen. In all diesen Fragen haben Sie viel Spielraum. Wichtig ist, daß Sie die Methode für sich so gestalten, daß Sie sie möglichst konsequent durchhalten können.

Ein sanfteres Vorgehen kann auch so aussehen, daß Sie den Einschlafplan nicht gleich rund um die Uhr anwenden. Alleinerziehende Mütter entscheiden sich oft für diese Variante. Sie ist auch beliebt bei Eltern in einer hellhörigen Neubauwohnung. Der Weg zum Erfolg ist hier zwar etwas länger, aber er kostet nicht so viel Kraft auf einmal – und macht auch weniger Krach.

Wenn Sie einmal begonnen haben, sollten Sie die Zeiten, zu denen Sie sich nach sorgfältigem Überlegen entschlossen haben, auch beibehalten. Ändern Sie sie vor allem nicht »in der Hitze der Nacht«, sondern wenn, dann nach gemeinsamen Überlegungen tagsüber

VARIATIONSMÖGLICHKEITEN

- Beginnen Sie bei den Tagesschläfchen. Tagsüber fällt es den meisten Kindern leichter, Neues auszuprobieren. Die Erfahrung hat auch gezeigt, daß Kinder, die tagsüber bereits alleine einschlafen können, es dann abends und nachts schneller lernen.
- Im zweiten Schritt nehmen Sie beim abendlichen Zubettbringen den Einschlafplan zu Hilfe. Nachts ändern Sie jetzt noch nichts, sondern geben Ihrem Kind erst einmal weiterhin das, was es bisher gewohnt war. Nicht selten ist es damit schon getan, und das Kind schläft nachts durch, sobald es gelernt hat, tagsüber und abends von alleine einzuschlafen.
- Wenn Ihr Kind weiterhin nachts regelmäßig aufwacht und nur mit Ihrer Hilfe wieder einschlafen kann, obwohl es tagsüber und abends schon alleine einschläft, müssen Sie sich schließlich bei jedem Aufwachen in der Nacht an den Einschlafplan halten. Damit helfen Sie Ihrem Kind in einem letzten Schritt, auch diese Hürde noch zu nehmen.

Das Kind abwechselnd zu Bett bringen ist eine gute Regelung, wenn Sie sich beide einig sind. Wenn nicht: Nehmen Sie sich zuerst Zeit, um Ihre unterschiedlichen Meinungen miteinander in Einklang zu bringen und Ihr gemeinsames Vorgehen zu planen. Wenn der Vater bisher noch nie oder nur selten das Kind zu Bett gebracht hat, könnte es auch eine gute Idee sein, daß er das jetzt fest übernimmt – für die Abende und Nächte, bis das Schlafproblem gelöst ist. Das Kind hat keine eingefahrenen Muster mit ihm, das macht es ihm leichter, sich auf neue Erfahrungen einzulassen.

Demonstrieren Sie Einigkeit! Ihr Kind muß spüren, daß es Sie nicht gegeneinander ausspielen kann. Lassen Sie sich nicht von Ihrer Regelung abbringen, wenn es fordert »Die Mami/ der Papi soll kommen«. Wer immer grade dran ist, sollte dem Kind erklären, daß er jetzt für es dasein will und daß es keine Wahl gibt, weil der andere Elternteil Schlafenszeit hat

Sie vermitteln Ihrem Kind ein Gefühl von Halt und Sicherheit, wenn Sie fest bleiben und es spürt, daß es Sie nicht ins Wanken bringen kann

Wer immer gerade »frei« hat, sollte wirklich das Beste daraus machen und sich so gut wie möglich der Situation entziehen. Einen Film anzuschauen oder ein Buch zu lesen ist vielleicht nicht die beste Idee, weil man davon so leicht abgelenkt werden kann. Ein langes Telefongespräch mit einer Freundin ist schon besser, vor allem, wenn Sie Bescheid weiß und einem den Rücken stärkt. Empfehlenswert sind auch Ohrstöpsel, damit man trotz Geschrei schlafen kann oder eine Aktivität außer Haus, die so lange dauert, bis das Kind wahrscheinlich eingeschlafen ist.

Was tun, wenn das Kind krank wird?
Wenn Ihr Kind während der Umgewöhnungszeit krank wird, müssen Sie natürlich sofort mit dem Einschlafplan aufhören.

Wenn Ihr Kind sich schon umgewöhnt hatte, aber während einer Krankheit wieder in die alten Bahnen gerät und diese anschließend beibehält, können Sie die Ferber-Methode wiederholen, sobald Sie sicher sind, daß bei Ihrem Kind gesundheitlich alles in Ordnung ist. In solchen Fällen lassen sich Kinder normalerweise rasch und leicht wieder zum Durchschlafen bringen.

Ein krankes Kind braucht die uneingeschränkte Zuwendung seiner Eltern, gerade nachts. Ein bis zwei Wochen nachdem sich seine Gesundheit stabilisiert hat, können Sie erneut mit dem Einschlafplan beginnen

Wenn Ihr Kind erbricht: Es gibt Kinder, die während der Umgewöhnung so heftig schreien, daß sie sich erbrechen müssen. Meistens haben diese Kinder auch schon früher einmal so auf eine Frustration reagiert. In diesem Fall können es die Eltern ein wenig vorhersehen. So erschreckend diese Reaktion ist – Sie können davon ausgehen, daß ihr keine gesundheitliche Störung zugrunde liegt. Andernfalls würde das Kind auch am nächsten Tag erbrechen und auch, wenn es gerade nicht schreit. Das beste Verhalten während der Nacht: Machen Sie so wenig Aufhebens wie möglich darum, während Sie Ihr Kind und sein Bett säubern. Bleiben Sie möglichst ruhig und machen Sie unmittelbar im Einschlafplan weiter. Das Erbrechen ist in diesem Fall keine Krankheit, sondern ein Druckmittel.

Wenn es Ihnen gelingt, ruhig und unbeeindruckt zu bleiben und im Programm fortzufahren, als sei nichts Besonderes geschehen, ist dies im Moment die größte Hilfe für ihr Kind.

Wenn Nachtmahlzeiten den Schlaf stören
Weil es so wenig Mühe macht und weil das Baby darauf am schnellsten wieder einschläft, bieten viele Eltern ihrem Kind einfach die Brust oder Flasche an, wenn es nachts aufwacht. Oft denken sie gar nicht daran, daß ihr Kind eigentlich längst ohne Nachtmahlzeiten auskommen müßte – es hat sie sich nie richtig abgewöhnt. Bis das Problem eskaliert.

Lesen Sie im zweiten Kapitel, wie lange ein Baby nachts noch Mahlzeiten braucht und wie man ihm helfen kann, möglichst bald ohne auszukommen

Schreiben Sie sich jeden Abend die Abstände auf, die in dieser Nacht zwischen den Mahlzeiten Ihres Kindes mindestens liegen sollen. Dann brauchen Sie nachts nicht nachzudenken und nur auf Ihren Plan schauen. Diese Abstände nehmen täglich zu, so daß nach spätestens einer Woche alle Nacht-Mahlzeiten gestrichen sind.

Genauso schreiben Sie sich jeden Abend die Stilldauer oder die Mengen auf, die das Kind im Fläschchen bekommt. Hier wird ebenfalls vom ersten bis maximal zum siebten Tag fließend reduziert, bis Sie schließlich bei Null angekommen sind. Dabei halten Sie sich grundsätzlich an die Ferber-Methode, nur daß Sie Ihr Kind zusätzlich noch füttern.

Wenn Eltern es nicht schaffen, ihr Kind rechtzeitig dahin zu lenken, daß es seinen Kalorienbedarf tagsüber stillt, werden Nachtmahlzeiten manchmal zu einem sehr ärgerlichen Problem

NACHTMAHLZEITEN können sich auch langsam wieder einschleichen, bei Kindern, die im Babyalter schon einmal aufgehört hatten, nachts zu trinken. Wenn das Kind während einer Krankheit oder in einer Angst-Phase längere Zeit nachts wieder mit der Brust oder dem Fläschchen beruhigt wird, stellt sich seine innere Uhr bald darauf ein. Dann wird der Appetit am Tag entsprechend gedrosselt, damit das Kind insgesamt nicht zu viel zu sich nimmt. Sobald es tagsüber weniger trinkt, bekommt es nachts Hunger. Und bevor den Eltern klar ist, worauf sie sich einlassen, trinkt ihr Kind auf einmal wieder regelmäßig jede Nacht.

Wenn die Mahlzeiten sehr klein geworden sind, ist das für ein Kind oft frustrierend. Dann tut man ihm einen größeren Gefallen, wenn man sie gleich ganz streicht

Wenn Ihr Kind nachts nur sehr wenig zu sich nimmt, dann kann es sich das ersatzlos abgewöhnen. Dies ist zum Beispiel der Fall bei einem Baby mit sieben Monaten, das über die Nacht verteilt nicht mehr als ein halbes Fläschchen trinkt. Oder bei einem dreijährigen Kind, das nachts an der Brust nuckelt, ohne wirklich zu trinken. Die Kalorienzufuhr spielt dabei keine Rolle, das Kind ißt oder trinkt tagsüber genug. Sie können diese kleinen Nacht-Mahlzeiten ersatzlos streichen und dabei nach der Ferber-Methode vorgehen.

Dies gilt im Grunde auch für Kinder, die schon älter als zwei Jahre sind und nachts noch kräftige Mahlzeiten bekommen. Ihr Organismus kann sich innerhalb von drei Tagen umstellen, wenn diese Nacht-Mahlzeiten gestrichen werden. Das Kind ißt dann automatisch tagsüber entsprechend mehr. Sie können aber auch zuerst ein sanfteres Vorgehen ausprobieren, wie es sich für kleinere Kinder empfiehlt.

Viele Eltern rechnen zuerst mit einer Woche und hören dann schon nach vier oder fünf Tagen mit dem Füttern auf.

Wenn Ihr Kind weint, nachdem die Trinkzeit vorbei oder das Fläschchen leer ist, oder wenn es aufwacht, bevor es wieder Zeit zum Trin-

ken ist, wird es nicht gefüttert. Nur so kann sich seine innere Uhr wirklich umstellen und dafür sorgen, daß Ihr Kind tagsüber mehr zu sich nimmt. Denken Sie daran, daß es groß genug ist, um nachts ohne Essen auszukommen. Sie müssen ihm nur helfen, eine falsche Gewohnheit zu überwinden, die ihm vorläufig noch das Gefühl gibt, daß es etwas braucht.

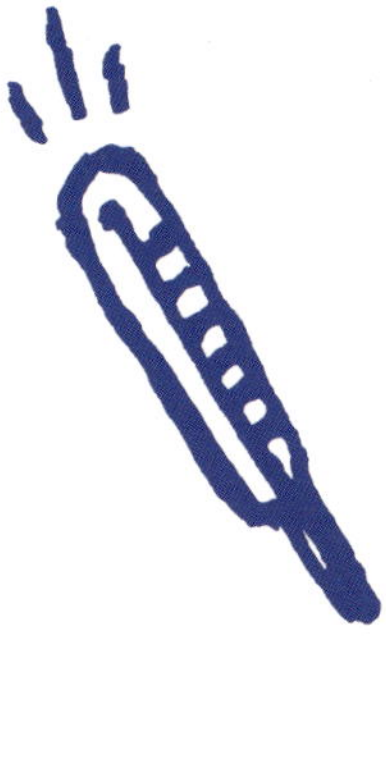

IHR KIND MUSS ZWEIERLEI LERNEN: seine Einschlafgewohnheit zu ändern und seine Nahrungszufuhr umzustellen. Entscheiden Sie wohlüberlegt, ob es für Ihr Kind leichter ist, wenn Sie ihm beides auf einmal zutrauen oder ob Sie langsamer vorgehen wollen. Wenn Sie mit dem Abgewöhnen nächtlicher Mahlzeiten anfangen, können Sie Ihrem Kind zunächst nachts mehr Trost geben, als es der normale Einschlafplan vorsieht. Zum Beispiel können Sie bei ihm bleiben oder es auf den Schoß nehmen, bis es einschläft. Diese neue Einschlafgewohnheit stellen Sie dann in einer zweiten Etappe ab, nachdem Ihr Kind gelernt hat, die ganze Nacht ohne Mahlzeiten auszukommen. Dies geht dann normalerweise recht schnell.

IV. Ängste und schlechte Träume

... wenn Ihr Baby Alpträume hat,
... wenn Ängste Ihr Baby plagen,
... wenn Ihr Kind schlafwandelt

Manchmal ist die Angst beim Einschlafen auch eine Folge von angstbesetzten Träumen, die das Kind nachts quälen, ohne es aufzuwecken

Angstträume und Schreckgespenster

Ein Kind, das von bösen Träumen aufgeschreckt worden ist, zeigt das mit seinem Verhalten. Auch Kinder, die sonst immer »stark« sind und sich von nichts so schnell Angst machen lassen, wachen gelegentlich einmal weinend aus einem Alptraum auf. Dagegen kann es sein, daß Kinder, die schon beim Einschlafen Angst vor Monstern und großen Tieren haben, nachts weniger davon heimgesucht werden. Aber fast jedes Kind lernt beides kennen.

Diese Erfahrungen sind normal und entwicklungsbedingt. Sie kommen am häufigsten im Kindergarten- und Vorschulalter vor. In diesen Jahren macht das Kind riesige Schritte in die Selbständigkeit. Und es bewegt sich dabei auf vielen verschiedenen Ebenen. Dazu gehört sowohl die eigene körperliche und geistige Entwicklung als auch der intensivierte Kontakt mit der Umwelt. Mehr als vorher lernt das Kind ganz neue Menschen kennen und nimmt neue Beziehungen auf. Es begegnet neuen Erwartungen und eigenen, neuen Fähigkeiten. Kein Wunder, daß es in seiner magischen Welt, deren Grenzen sich ständig erweitern, auch Eindrücke sammelt, die es zunächst erschrecken. Alpträume sind wie alle Träume eine Möglichkeit für die reifende Psyche des Kindes, die kleinen und großen Schreckerlebnisse zu verarbeiten, denen es tagsüber zwangsläufig begegnet.

In der Tabelle auf Seite 17 sind die Momente der Parasomnia gekennzeichnet

Auch die sogenannten Parasomnia-Erlebnisse – Nachtschreck und Schlafwandeln – gehören für viele Kinder in diese Phase der Entwicklung. Obwohl es einem so vorkommen mag, haben sie jedoch nichts mit Träumen zu tun.

Wenn im Schlaflabor die Hirnströme eines Kindes gemessen werden, zeigt die Aufzeichnung genau, was vor sich geht, während das Kind ein Parasomnia-Erlebnis hat: Es taucht aus den tiefsten Schichten des Tiefschlafs auf und erreicht für kurze Zeit einen Zustand, wo die typischen Gehirnwellen für Tiefschlaf, Traumschlaf und Wachheit miteinander vermischt sind. Normalerweise fällt das Kind ein paar Sekunden später übergangslos wieder in den Tiefschlaf zurück. Während der ersten drei bis vier Stunden nach dem Einschlafen kommt diese Art von Halbschlaf ein bis zweimal jeweils einen kurzen Moment lang vor. Bei einem Parasomnia-Erlebnis findet das Kind aber nicht sofort wieder in den Tiefschlaf zurück, sondern bleibt viel länger als normal in diesem Mischzustand aus Tiefschlaf, Traumschlaf und Wachheit. Psychische Ursachen dafür konnten bisher nicht gefunden werden – weder besondere Ängstlichkeit noch anderes, auffallendes Verhalten oder tiefere Probleme irgendeiner Art. Als einzige Erklärung verweisen Wissenschaftler auf die noch unvollständige Reifung des Gehirns. Erst im Verlauf der Pubertät ist das Gehirn ausgereift.

FACHLEUTE EMPFEHLEN BEI PARASOMNIA, das Kind am nächsten Morgen nicht auszufragen und den Vorfall besser gar nicht zu erwähnen. Das Kind bekäme dadurch nur das beunruhigende Gefühl, irgendwie nicht ganz normal zu sein – während es sich an nichts erinnern kann. Damit ist ihm auf keinen Fall geholfen.

Vielleicht fühlt das Kind sich wohler in seinem Zimmer, wenn es ein Haustier hat, das auch dort schläft

Angst beim Einschlafen

Das Zubettgehen bedeutet für ein kleines Kind immer auch Trennung. Die Welt, der es im Schlaf begegnet, ist ein unbekannter Ort – und oft ist die Schwelle zu dieser Welt von erschreckenden, phantastischen Wesen besetzt. Aber Sie können Ihrem Kind helfen, sich sicher und geborgen genug zu fühlen, um gut über diese Schwelle zu kommen.

Das Bettgeh-Ritual bekommt in diesem Alter eine neue Bedeutung. Die Zeit vor dem Einschlafen kann eine Zeit der innigen Zuwendung sein, wo das Kind ganz besonders die Liebe und den Schutz seiner Eltern spürt.

Mehr zu Gute-Nacht-Ritualen finden Sie im zweiten Kapitel

Helfen Sie Ihrem Kind, Vertrauen zu gewinnen, indem Sie ihm Geschichten lesen, die zu seiner Situation passen und ihm spirituelle Anregungen geben. Das können Märchen sein oder auch beliebte Bücher wie »Die Möwe Jonathan« oder »Der kleine Prinz«. Wenn Sie Ihr Kind religiös erziehen, werden Sie auf dieser Ebene sicher Möglichkeiten haben, Ihrem Kind zu helfen, sich auch nachts beschützt zu fühlen. Gute Impulse dafür finden sich auch jenseits jeder strikten

Egal ob vor dem Einschlafen oder mitten in der Nacht – wenn Ihr Kind Sie ruft, weil es sich fürchtet, sollten Sie so schnell wie möglich zu ihm gehen. Je länger Sie es warten lassen, desto mehr steigert es sich in seine Angst hinein

Glaubenslehre, in den alten Naturreligionen der Indianer, der Tibeter und anderer Völker.

Böse Tiere, Ungeheuer und Monster gibt es im Kinderzimmer nicht wirklich – aber das wissen nur wir Erwachsenen. Wenn ein Kind trotzdem böse Wesen sieht oder spürt, sollten seine Eltern zweierlei nicht tun:

- Sie sollten nicht so tun, als würden sie die Monster verjagen – denn das würde nur den Verdacht des Kindes bestätigen, daß es die womöglich wirklich gibt.
- Andererseits sollten die Eltern die Phantasiegebilde des Kindes auch nicht als kompletten Unsinn abtun, mit dem es sich lächerlich macht.

Der Mittelweg liegt darin, die Gefühle des Kindes ernst zu nehmen, aber nicht die Ungeheuer.

Streicheln Sie Ihr Kind, oder nehmen Sie es in die Arme, damit es spürt – und nicht nur weiß -, daß es nicht allein ist. Das Licht kurz anzumachen, damit das Kind die Tagseite der Realität sieht, ist oft eine gute Idee. Aber Sie brauchen nicht den Kleiderschrank zu öffnen oder unter das Bett zu schauen, um Ihrem Kind zu beweisen, daß die Ungeheuer nicht (mehr) da sind. Noch weniger ist es nötig, die Fenster zu verriegeln. Sagen Sie Ihrem Kind, daß es die Ungeheuer in Wirklichkeit nicht gibt, aber ohne sich darüber lustig zu machen.

Wenn Ihr Kind alt genug dafür ist, können Sie am nächsten Tag ein Gespräch darüber führen. Dabei finden Sie vielleicht heraus, was dem Kind konkret Angst macht. Manchmal gibt es einfache Lösungen: ein Nachtlicht gegen die Dunkelheit, die geöffnete Kinderzimmertür gegen das Alleinsein.

Alpträume

Fast die Hälfte aller Kinder im Vorschulalter hat hin und wieder Angstträume. Vielleicht hat das Kind einen Film gesehen, der unbewußte Ängste ausgelöst hat, oder es hatte ein erschreckendes Erlebnis, das niemandem auffiel. Aber nicht immer lassen sich beunruhigende Träume mit konkreten Tageserlebnissen erklären. Der häufigste Inhalt von Alpträumen ist bei Kindern und Erwachsenen gleich: Man wird verfolgt oder bedroht, man will davonlaufen und kann sich nicht rühren, man hat sich verirrt und findet nicht nach Hause. Kinder träumen dabei öfter von wilden oder phantastischen Tieren und seltener von Menschen. Alpträume treten oft phasenweise auf. Dann wacht das Kind fast jede Nacht schreiend aus einem schrecklichen Traum auf. Nach einer Weile ist der Spuk auf einmal wieder vorbei.

Wenn Sie mehrere Kinder haben, ist es vielleicht an der Zeit, sie von jetzt ab im selben Zimmer schlafen zu lassen

- Gehen Sie schnell zu Ihrem Kind, wenn es mitten in der Nacht zu schreien anfängt. Lassen Sie es so wenig wie möglich warten.
- Tun Sie alles, was Ihrem Kind hilft, sich zu beruhigen. Bleiben Sie vor allem selbst ruhig dabei. Nehmen Sie es in die Arme, sagen Sie ihm besänftigende, tröstende Worte. Hören Sie ihm zu, wenn es Ihnen von seinem Traum erzählt, und sagen Sie nicht, es sei nur ein »dummer« Traum.
- Bleiben Sie so lange bei Ihrem Kind, bis es sich beruhigt hat. Wahrscheinlich wird es dann bald weiterschlafen wollen.

Wenn Ihr Kind nachts nicht von sich aus von seinem Traum erzählen will, lassen Sie es jetzt besser in Ruhe. Vielleicht erzählt es Ihnen am nächsten Tag davon

Wenn Ihr Kind alt genug ist, können Sie ihm tagsüber auch einmal erklären, was Träume sind – zum Beispiel »eine Geschichte, die man sich selbst erzählt«. Sie können ihm dann vorsichtig vorschlagen, sich vielleicht einen anderen Schluß für diese Geschichte auszudenken. Oder Sie geben ihm indirekt Anregungen dazu, mit Märchen, die Sie ihm vorlesen.

BEI EINER ALPTRAUMPHASE, die für Ihr Gefühl zu lange anhält, vereinbaren Sie ruhig einen Termin beim Kinderarzt. In jedem Fall können Sie Ihrem Kind Bachblüten geben (mehr dazu im fünften Kapitel ab S. 84). Auch ein homöopathisches Mittel könnte angebracht sein, aber hier ist es weniger leicht, als Laie das richtige Mittel zu wählen. Die Homöopathie wirkt tiefer und weitreichender als andere (schulmedizinische) Therapien. In ernsten Fällen – beispielsweise wenn anhaltende Schlafprobleme nach einer Krankheit, nach dem Verlust eines geliebten Menschen oder nach anderen Trennungen auftreten – ist eine homöopathische Konstitutionsbehandlung oft die beste Hilfe für das Kind.
Dasselbe gilt bei extremer Angst vor der Dunkelheit oder vor dem Alleinsein oder vor beidem, um so mehr, wenn auffälliges Verhalten während des Tages dazu kommt.

In einer Alptraumphase sollte das Kind am besten gar nicht fernsehen. Allenfalls ruhige, angenehme Tierfilme sind angebracht, nichts was seine in Aufruhr geratene Phantasie noch mehr verstört

Nachtschreck

Im Gegensatz zum Alptraum wacht das Kind beim sogenannten Nachtschreck nicht aus einer Traumschlafphase auf. Tatsächlich wacht das Kind gar nicht auf, sondern befindet sich in einem Zustand zwischen Tiefschlaf und Wachheit. Seinem seltsamen Verhalten liegt normalerweise auch keine Störung auf der körperlichen oder psychischen Ebene zugrunde. Nachtschreck ist zwar für die Eltern ein beunruhigendes Erlebnis, aber trotzdem kein Grund zur Sorge.

Das Kind weckt seine Eltern mit gellenden Schreien: Es sitzt oder steht aufrecht im Bett, die Augen weit geöffnet. Es atmet schnell, sein Herz klopft stark, und vielleicht schwitzt es auch. Es wirkt, als hätte es soeben einen schrecklichen Traum gehabt. Aber während sie es zu trösten versuchen, merken die Eltern zu ihrem großen Entsetzen, daß das

Sie können ruhig das Licht anmachen. Für Ihr Kind macht das keinen Unterschied, aber Ihnen kann es helfen

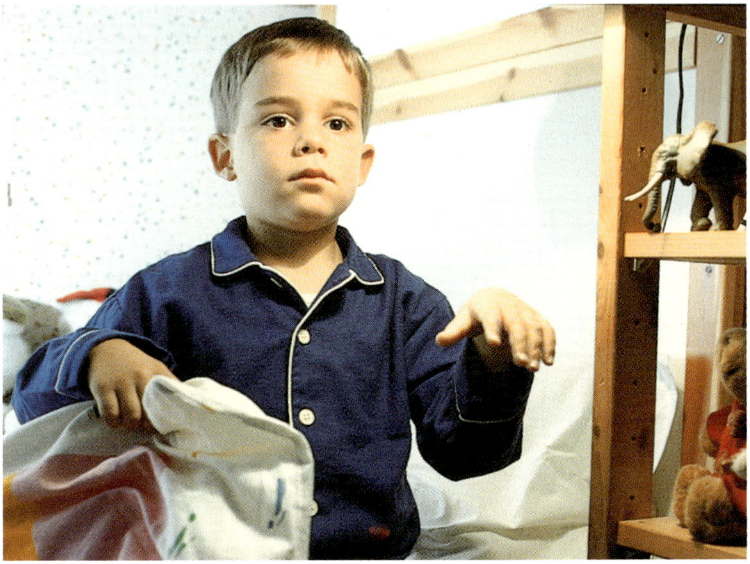

Kind sie weder sieht noch hört. Auch wenn es nach ihnen schreit, nimmt es sie und seine ganze Umgebung überhaupt nicht wahr, selbst wenn sie es in den Arm nehmen.

Der Grund: Das Kind ist nicht wirklich aufgewacht, sondern es schläft mit offenen Augen. Wenn die Eltern es schaffen, es tatsächlich aufzuwecken, wird es sofort ruhig, wundert sich über ihre erschreckten Gesichter und kann sich an überhaupt nichts erinnern.

Wissenschaftliche Untersuchungen zeigen: Nachtschreck kommt nur bei etwa drei Prozent aller Kinder vor, vorwiegend im Vorschulalter. Die Tendenz dazu ist erblich veranlagt und vergeht mit der Zeit ganz von selbst

Wecken Sie Ihr Kind aber besser nicht auf, solange es nicht nötig ist. Solche Anfälle dauern selten länger als ein paar Minuten. Danach entspannt sich das Kind, legt sich hin und schläft ruhig weiter.

Haben Sie es jedoch aufgeweckt, ist es wahrscheinlich durch Ihre Reaktion beunruhigt und kann nicht so schnell wieder einschlafen. Es macht sich vielleicht auch Sorgen, weil es das Gefühl bekommt, daß etwas mit ihm nicht in Ordnung ist. Dies ist aber gar nicht der Fall.

Besser ist es, das Kind nur sicherheitshalber zu beobachten, damit es sich nicht wehtut. Manchmal schlagen oder treten die Kinder in diesem Zustand um sich oder benehmen sich, als müßten sie fliehen. Wenn man sie in die Arme nimmt, wehren sie sich, statt sich trösten zu lassen. Sobald das Kind von selbst wieder ruhig geworden ist, können Sie ihm helfen, sich hinzulegen und sich zuzudecken.

Schlafwandeln

Wenn ein Kind im Schlaf die Augen aufmacht, aus dem Bett steigt und herumgeht, dann tut es das nicht im Traum, denn im Traumschlaf sind solche Bewegungen gar nicht möglich. Was das Schlafwandeln verursacht, weiß man nicht. Man weiß, daß oft schon die Eltern als Kind schlafwandelten. Die Neigung dazu ist also erblich.

- Sorgen Sie dafür, daß Ihr Kind nachts keine Fenster oder Haus- oder Balkontüren öffnen kann, denn es könnte sein, daß Sie gar nicht aufwachen, während Ihr Kind schlafwandelt.
- Ein Kind mit einer Neigung zu Nachtschreck oder Schlafwandeln sollte besser nicht in einem Hochbett schlafen.
- Oft sucht das Kind unbewußt nach der Toilette. Es kommt vor, daß schlafwandelnde Kinder Türen verwechseln und aus Versehen in den Kühlschrank oder in den Kleiderschrank machen. Dies läßt sich vielleicht verhindern, wenn man dafür sorgt, daß das Kind abends nicht zuviel trinkt, und darauf achtet, daß es vor dem Einschlafen seine Blase entleert.

Ansonsten gilt auch hier: Beobachten Sie Ihr Kind, damit es sich nicht weh tut. Schlafwandlerische Sicherheit hat es nämlich keineswegs – ein schlafwandelndes Kind könnte beispielsweise durchaus über einen Beistelltisch oder die Treppe hinunterfallen. Bringen Sie Ihr Kind gegebenenfalls ins Bett zurück, und decken Sie es zu, damit es gut weiterschlafen kann.

GENÜGEND REGELMÄSSIGER SCHLAF scheint Parasomnia-Erlebnisse verhindern zu können. Denn wenn Kinder nicht genug schlafen, ist ihr Tiefschlaf oft besonders tief und fest. Damit erhöht sich erfahrungsgemäß die Wahrscheinlichkeit, beim unvollständigen Auftauchen aus dem Tiefschlaf »steckenzubleiben«. Dies trifft natürlich nur bei Kindern mit einer erblichen Veranlagung für Parasomnia zu. Im entsprechenden Alter empfiehlt es sich sogar manchmal, wieder einen Mittagsschlaf einzuführen, damit das Kind mehr Schlaf bekommt.

Etwa 15 Prozent aller Kinder im Alter zwischen fünf und fünfzehn sind zum Schlafwandeln veranlagt

V. Natürliche Heilmittel bei Schlafstörungen

Bach-Blüten für einen guten Schlaf

Bach-Blüten können schon Babys gleich nach der Geburt gegeben werden

»Blumen, die durch die Seele heilen«, werden die 38 Blütenessenzen oft genannt, die der englische Arzt Dr. Edward Bach in den dreißiger Jahren entwickelt hat. Inzwischen gibt es neben den Bachblüten auch die California-Essenzen und andere. Kinder sprechen erfahrungsgemäß besonders gut auf diese unschädlichen aber hochwirksamen Mittel an. Wenn das Präparat Alkohol enthält, wird es bei einem kleinen Kind äußerlich angewendet. Dann tupft man ein paar Tropfen auf die Haut über der Magengegend (Solarplexus), gibt die Tropfen ins Badewasser oder legt dem Baby einfach das Fläschchen mit ins Bett. Blütenessenzen wirken immer über das Gemüt – sie sind das Hausmittel der Wahl, wenn Ängste oder andere Seelenschmerzen den Schlaf eines Kindes belasten. Man kann gegebenenfalls bis zu sechs oder sieben Mittel kombinieren und gleichzeitig verabreichen.

SELBSTBEHANDLUNG MIT BACH-BLÜTEN: Im folgenden sind die Indikationen der wichtigsten Blütenessenzen für die verschiedenen Schlafprobleme von Kindern beschrieben – von der Geburt bis ins Schulalter. Lesen Sie sich am besten alle Symptombeschreibungen durch, und wählen Sie dann das für Ihr Kind zutreffendste Mittel.

Mimulus

Das Baby weint beim Aufwachen. Zu empfehlen für zarte, schüchterne, sensible Babys oder Kinder, die leicht aus dem Gleichgewicht geraten, erschrecken oder Angst bekommen und dann nachts nicht gut schlafen. Das Kind neigt zur Übervorsichtigkeit und hat große Angst vor Tieren oder Monstern. Auch für Schulkinder mit Schlafstörungen vor Prüfungen (und tagsüber Neigung zu Kopfschmerzen). Hilfreich bei wiederkehrenden Alpträumen und konkreter Angst, zum Beispiel vor einem Wolf im Zimmer, vor Mäusen, Spinnen, Gewitter, Dunkelheit etc.

Aspen
Empfehlenswert bei undefinierbaren, scheinbar grundlosen und oft unbewußten Ängsten, sowohl in der Nacht als auch tagsüber. Für Kinder mit phantastisch überhöhter Vorstellungskraft. Bei Zittern, Angstschweiß und Alpträumen. Gegen Schlafwandeln und Sprechen im Schlaf, Nachtschreck. Bei Angst vor Dunkelheit, Alleinsein oder Tod.

Chicory
Das Kind ist zwanghaft anhänglich. Extremes Bedürfnis nach Zuwendung oder Aufmerksamkeit. Für Babys, die ausschließlich auf dem Arm zufrieden sind, und Kinder, die verlangen, immer im Mittelpunkt zu stehen. Das Kind ist besitzergreifend, endlos fordernd sowie unfähig, allein zu sein oder allein zu schlafen.

Cherry plum
Bei unterdrückten schweren Konflikten. Hilft gegen Bettnässen. Das Kind hat plötzliche, explosive, emotionale Ausbrüche am Tag. Kopfschlagen (Jaktation) als Einschlafgewohnheit oder auch zu anderen Tageszeiten, wenn das Kind sich zurückzieht.

Holly
Angezeigt bei Schlafstörungen jeder Art nach der Geburt eines Geschwisterchens. Das Kind hat Angst, weniger geliebt zu werden als das neue Baby: Unterdrückte Haßgefühle aus Neid oder Eifersucht, Mißtrauen und Angst, hintergangen zu werden. Es reagiert sehr verletzlich und ist leicht beleidigt und übersensibel. Manchmal sind auch Wutausbrüche am Tag, mit Schlagen und Treten symptomatisch. Hilfe bei Alpträumen.

Pine
Bei Schlafstörungen jeder Art aufgrund von heimlichen Schuldgefühlen, zum Beispiel nach Streit oder Trennung der Eltern, Tod eines Haustiers etc. Das Kind ist sehr introvertiert.

Bach-Blüten sind ein nebenwirkungsfreies Naturheilmittel

Star of Bethlehem
Das Traumamittel unter den Blütenessenzen. Edward Bach nannte diese Blüte den Seelentröster. Empfohlen für Neugeborene nach einer schwierigen, langwierigen oder auch sehr raschen Geburt. Bei Schlafstörungen nach Operationen (Schmerz, Schreck), nach Enttäuschungen, nach Beginn des Kindergartens oder beispielsweise auch nachdem die Mutter ihren Beruf wieder aufgenommen hat.

Rock Rose
Hilfreich gegen Panikzustand beim Erwachen aus einem Alptraum, bei Nachtschreck sowie Schlafstörungen nach Schock, Unfall oder einem Erlebnis, das mit nackter Angst verbunden war.

Notfalltropfen
Das Erste-Hilfe-Mittel der Bach-Blüten-Therapie hilft auch nach Alpträumen oder bei Nachtschreck, wenn sich keine andere, spezifische Blüte anbietet oder man keine Zeit für eine individuellere Diagnose hat. Die Notfalltropfen sind eine Mischung aus fünf Blüten: Star of Bethlehem, Rock Rose, Impatiens, Cherry Plum und Clematis.

Homöopathie für Kinder mit Schlafproblemen

Das richtige homöopathische Mittel kann dem Kind sehr beim Ein- und Durchschlafen helfen

Nicht nur bei Schlafproblemen mit körperlichen oder seelischen Ursachen kann die Hömopathie einem Kind sehr helfen, sondern auch bei Bettnässen, Nachtschreck und Schlafwandeln. Nur: in solchen Fällen sind homöopathische Mittel nicht mit Hausmitteln oder Bach-Blüten gleichzusetzen. Die richtige Behandlung erfordert eine gründliche Anamnese bei einem erfahrenen Homöopathen. Bei der Mittelwahl müssen dann nämlich viele verschiedene Faktoren berücksichtigt werden, die man als Laie nicht richtig einschätzen kann. Dazu kommt die mangelnde Objektivität der Eltern – aus diesem Grund lassen selbst Homöopathen ihre eigenen Kinder oft lieber von einem Kollegen behandeln. Hier sind einige der Mittel vorgestellt, die ein Homöopath bei den genannten Schlafproblemen in die engere Wahl ziehen wird.

Calcium carbonicum
Panikartiges Erwachen aus Alpträumen, Nachtschreck und Angst beim Einschlafen gehören zum Spektrum dieses Mittels. Calcium-Kinder werden oft von unheimlichen Bildern überschwemmt, wenn sie die Augen schließen. Deshalb haben sie Angst vor dem Einschlafen. Oder sie wachen nachts schreiend, voller Panik aus einem Alptraum auf und sind schwer zu beruhigen. Bei Calcium gehen solche Träume häufig auf den starken Eindruck zurück, den Geschichten oder Fernsehsendungen hinterlassen haben. Babys und Kleinkinder, die Calcium brauchen, sind dickköpfig, vor allem wenn sie übermüdet sind. Statt einzuschlafen, quengeln sie und kämpfen regelrecht gegen den Schlaf an. Sie wollen auf dem Schoß geschaukelt werden und verlan-

gen, daß man sie dabei kräftig auf und ab hopsen läßt. Im Bett wird es ihnen leicht zu warm: Sie schwitzen stark, häufig schon kurz nach dem Einschlafen, ganz besonders während des Zahnens und bei akuten Erkrankungen. Der Schweiß riecht säuerlich. Manchmal gibt es eine Tendenz zum Schlafwandeln, sie ist hier aber nicht so ausgeprägt wie bei Phosphorus und Natrium muriaticum.

Calcium-Kinder
wachen morgens schon früh auf, sie sind dann guter Laune, frisch und munter

Lycopodium

Lycopodium-Kinder sind morgens nach dem Aufwachen schlecht gelaunt und sehr hungrig

Dieses Mittel kommt oft bei ängstlichen Säuglingen in Frage, die zu Koliken neigen und häufig unpäßlich sind. Sie lassen die Mutter nicht aus den Augen und klammern sich besonders an sie, wenn fremde Leute in der Nähe sind. Das furchtsame Kleinkind ist schwer dazu zu bringen, alleine in seinem Zimmer zu schlafen, denn es fürchtet sich vor dem Alleinsein, vor allem in der Dunkelheit. Ohne Nachtlicht geht es nicht, und es besteht darauf, daß die Zimmertür weit offen bleibt. Babys weinen jedesmal, wenn die Mutter das Zimmer verläßt (nicht nur während der Fremdelphase). Etwas besser geht es diesen Kindern, wenn sie mit Geschwistern im selben Zimmer schlafen dürfen. Alle diese Symptome sind besonders schlimm nach einem Film oder einer Geschichte mit beängstigendem Inhalt. Nach den Ferien macht jeder neue Beginn im Kindergarten und noch mehr in der Schule einem Lycopodium-Kind Probleme, die sich auf den Schlaf auswirken. Schulkinder leiden vor Prüfungen oder Aufführungen unter Schlaflosigkeit. Lycopodium-Kinder bleiben brav unter ihrer Decke, es wird ihnen nicht leicht zu warm.

Medorrhinum

Auch wenn sie nicht richtig erfrischt aufwachen, können Medorrhinum-Kinder doch schon vom ersten Augenblick an voller Energie sein, oft sind sie aber auch schlecht gelaunt

Diese Kinder sind ausgesprochene Nachteulen, abends bleiben sie lange munter und wollen nicht ins Bett. Dies gilt sogar schon für Babys. Sie sind zu ruhelos, um sich zu entspannen und haben eine starke Neigung zu Koliken. Im Schlaf sind diese Kinder immer noch unruhig, sie können nicht einmal in der Nacht ihre Beine stillhalten. Sie liegen bevorzugt auf dem Bauch, oft weit über das Säuglingsalter hinaus noch mit angezogenen Beinen. Dem Kind ist es immer zu warm, es wirft nachts regelmäßig die Bettdecke ab. Alpträume kommen häufig vor, beißende Hunde und Gewaltszenen darin sind typisch.

Natrium muriaticum

Dieses Mittel wird im Säuglingsalter seltener gebraucht als während der Schulzeit. Der Homöopath erkennt Natrium-Säuglinge daran, daß sie gerne in Ruhe gelassen werden und es nicht mögen, wenn andere als ihre engsten Bezugspersonen sie auf den Arm nehmen oder überhaupt ansprechen. Diese Tendenz, sich zurückzuziehen und eher menschenscheu zu sein, ist auch in der Kindheit typisch. Ein anderes Merkmal dieser Kinder ist, daß sie abends oft lange nicht einschlafen können, weil sie an so vieles denken müssen. Manchmal fällt extreme Schweißbildung in der Nacht auf. Auch Bettnässen kommt häufiger vor. Diese Kinder haben eine besonders starke Neigung zum Schlafwandeln. Angstträume handeln häufig von Verfolgungen oder von Räubern und Einbrechern. Schulkinder können in ihren Alpträumen die Schule nicht finden, sie kommen zu spät zu wichtigen Prüfungen oder blamieren sich vor der ganzen Klasse.

Diese Kinder sind morgens nach dem Aufwachen gerne noch eine Weile schweigsam und ruhig

Phosphorus

Phosphorus-Babys sind strahlende Engelchen – solange man sie im Snugli am Körper trägt. Sie haben ein besonders ausgeprägtes Bedürfnis nach Körperkontakt, Zärtlichkeit und jeder Art von Zuwendung, deshalb schlafen sie sehr ungern allein und quengeln so lange, bis man sich zu ihnen legt. Sie schlüpfen noch mit zehn Jahren gerne ins Elternbett. Eine Gabe Phosphorus hat dann oft eine für die Eltern erstaunliche Wirkung: Ein fünfjähriges Kind, das bisher jede Nacht seines Lebens an die Mutter gekuschelt verbracht hatte, kann auf einmal sagen »Mami, ich geh jetzt lieber in mein Bett.« Im Phosphorus-Zustand hat das Kind eine extrem angeregte Phantasie. Im Dunkeln verwandeln sich alle Konturen im Zimmer zu den Umrissen von Monstern oder Geistern und das hereinfallende Licht wirft furchterregende Schatten. Dann fällt dem Kind ein Dutzend Dinge ein, die es noch braucht oder schnell noch sagen wollte, nur damit immer wie-

der kurz ein Erwachsener zu ihm kommt und den Bann der Phantasiegestalten bricht. Das geht so lange, bis ihm schließlich vor Erschöpfung und Müdigkeit die Augen zufallen. Das Einschlafritual bleibt für ein Phosphorus-Kind bis weit ins Schulalter hinein ein wichtiger Seelenanker, besonders vor Prüfungen kann es ohne Streicheleinheiten unmöglich einschlafen. Kleinkinder wachen nachts oft durstig auf. Der Schlaf eines Phosphorus-Kindes ist oft ruhelos, weil seine Träume von Monstern, Geistern und erschreckenden Tieren besiedelt sind. In Alpträumen erlebt es Verfolgungen, Mord oder andere, makabere Ereignisse. Viele der Träume gehen auf Filme oder Ereignisse zurück, die die Phantasie des Kindes vor kurzem beeinflußt haben. Eine Neigung zum Schlafwandeln ist besonders ausgeprägt und auch Sprechen im Schlaf kommt häufig vor. Phosphorus-Kinder schlafen gerne auf der rechten Seite (Erwachsene lieber links) oder auf dem Bauch, und sie sind darin sehr unflexibel.

Nach dem Aufwachen sind diese Kinder frisch und munter, oft auch hungrig oder durstig

Pulsatilla

Diese Babys sind richtige Wonnebrocken. Aber wehe man legt sie in ihr Bettchen! Beim Pulsatilla-Kind ist eine ausgeprägte Angst vor dem Verlassenwerden und vor Trennungen der Grund dafür, daß es jedesmal weint, wenn man es hinlegt, und erst aufhört, wenn es wieder hochgenommen wird. Dieses Weinen ist aber nie so, daß es einem unmittelbar auf die Nerven geht. Es bewirkt, daß sich die Eltern des Kindes mehr als sonst annehmen und es mit Liebe überschütten, und das ist genau das, was diese Babys unbedingt brauchen. Vor allem zum Einschlafen will das Baby geschaukelt beziehungsweise gestillt werden – so erlebt es die damit verbundene Trennung von der Welt nicht so deutlich. Wenn es nachts aufwacht, weint das Baby jedesmal nach der Mutter, die es stillen, in den Armen wiegen oder ununterbrochen streicheln muß, damit es wieder einschläft. Ein Pulsatilla-Kleinkind fürchtet sich davor, ins eigene Zimmer verfrachtet zu werden, und wehrt sich dagegen, indem es so lange weint, bis die Eltern kommen und sich mit ihm hinlegen. Auch diese Kinder neigen gelegentlich zum Schlafwandeln, oder sie sprechen im Schlaf. Die größten Probleme hat ein Pulsatilla-Kind, wenn es in der Familie zu einer Trennung kommt. Scheidung, Krankheit oder ein Todesfall führen zwangsläufig zu Alpträumen. Pulsatilla-Kinder schlafen gern bis weit ins Schulalter hinein bei der Mutter, genau wie Phosphorus-Kinder. Typisch für Pulsatilla-Kinder sind außerdem die ausgefeiltesten Verzögerungstaktiken, mit denen sie versuchen, die Bettgehzeit hinauszuschieben, weil ihnen jede Trennung von den Eltern angst macht. Nachts wacht das

Kind auf und schlüpft ins Elternbett. Es fürchtet sich vor der Dunkelheit und dem Alleinsein, vor den Ungeheuern im Schrank und den Schatten, die über die Wand huschen (beispielsweise wenn draußen ein Auto vorbeifährt). Ein Nachtlicht hilft dann sehr. Beim Einschlafen liegt das Pulsatilla-Kind normalerweise auf dem Rücken, vielleicht mit den Händen über dem Kopf. Es muß im Schlaf die Füße aus der Decke strecken können, sonst wird es ihm zu warm; häufig schiebt es nachts die Bettdecke weg. Auch Babys wird es oft zu warm im Bett, sie schreien dann, bis die Mutter versteht, um was es geht.

Nach dem Aufwachen sind diese Kinder erfrischt und guter Dinge

Anhang

Tabelle 4: Das 24-Stunden-Schlafprotokoll*

Tag	Mitternacht		2:00		4:00		6:00		8:00		10:

Wachphasen freilassen, Schlafzeiten mit einer Wellenlinie markieren, Mahlzeiten ankreuzen, Schreiphasen schraffieren.

*Nach: Richard Ferber: How To Solve Your Child's Sleeping Problems

:00 14:00 16:00 18:00 20:00 22:00 Mitternacht

Bildnachweis:
DHU: 87
Explorer/Trois: 20, 58; –/Vinegers: 68; –/Villeger: 89
Gamma/Roux: 60
Petit Format/Brousse: 76, 79; –/Jorgensen: 32; –/Lousada: 82/83
Picture Press/Raith: 24/25
H. Rüffler: 34
N. Schäfer: 7, 29, 38, 40, 56, 71
T. Stone/Ayres: 65; –/Cox: 72/73; –/Darell: 14; –/Harrison: 16; –/Monneret: 10/11, 50, 52/53, 63; –/Wolff: 45
Studio X/Bourreau-Phanie: 91; –/Burger-Phanie: 80

Literatur für Eltern

Karmel, Annabel: Kochen für Babys und Kleinkinder. München 1992

Nitsch, Cornelia/Beil, Brigitte/Diele, Beate/von Schelling, Cornelia/York, Ute: Achtung Schatz, die Kinder kommen! München 1996

Nitsch, Cornelia/von Schelling, Cornelia: Kindern Grenzen setzen – wann und wie? München 1996

Nitsch, Cornelia: Bald ist alles wieder gut. München 1996

Nitsch, Cornelia: Beide Hände reich ich dir. München 1997

Nitsch, Cornelia: Bloß nicht alles richtig machen. München 1994

Nitsch, Cornelia: Keiner muß perfekt sein. München 1996

Nitsch, Cornelia: Lirum, larum, Fingerspiel. München 1994

Nitsch, Cornelia: Witzige 10-Minuten-Spiele. München 1996

Richberg, Inga-Maria: Homöopathie für Kinder. München 1996

Schnelle Erste Hilfe für Kinder. München 1995

Dr. Sutcliff, Jenny: Mit Liebe und Vertrauen aufwachsen. München 1996

Schwabenthan, Sabine/Weigert, Vivian: Natürliche Heilmittel für Kinder. München 1996

Utters-Adam, Adelheid: Kinderfeste. München 1996

Dr. Valman, Bernard: Kinderkrankheiten. München 1997

Register

Alle lieferbaren Eltern-Ratgeber aus dem Mosaik Verlag auf einen Blick:

In den neuen Ratgebern von Mosaik finden alle Eltern fundierte Hinweise und aktuelle Informationen zu Themen, die für das Leben mit Kindern wichtig sind. Die Autoren sind auf ihrem jeweiligen Gebiet fachlich ausgebildet und erfahren.

Tina Kuckelmann
Körperpflege für Babys und Kleinkinder
96 Seiten, durchgehend vierfarbig
ISBN 3-576-11024-0
Ein informativer Ratgeber, der Eltern hilft, ihr Kind richtig zu pflegen, Haut und Haar dem Typ des Kindes entsprechend zu behandeln.

Doro Kammerer
Guter Rat für Zwillings-Eltern
96 Seiten, durchgehend vierfarbig
ISBN 3-576-10685-5
Information und Tips, damit Schwangerschaft, Säuglingspflege und die Betreuung bis zum Schulalter der Zwillingskinder nicht zum Doppelstreß ausartet.

Rita Lanz
Hebammen-Rat für Schwangere
96 Seiten, durchgehend vierfarbig
ISBN 3-576-11025-9
Ein praktischer Ratgeber, der schwangere Frauen zu einem bewußteren Körpergefühl verhilft, um so Schwangerschaft und Geburt leichter zu machen.

Vivian Weigert
Schlaf, Baby, schlaf
96 Seiten, durchgehend vierfarbig
ISBN 3-576-11023-2
Einschlafen und Durchschlafen – so funktionieren Einschlafrituale bei Säuglingen und Kleinkindern.

Mosaik

Erhältlich überall dort, wo es Bücher gibt.